Ludwig Mödl

Religion braucht Kunst

Ausstellungsreden

Kunstverlag Josef Fink

In memoriam Georg Mader (1946–2023), der eigentlich die Gestaltung dieses Buches übernehmen sollte, aber während der Konzeptionsphase verstorben ist.

Titelbild: Dr. Herbert Schmid, Valley

Bibliografische Information der Deutschen Nationalbibliothek:
Die Deutsche Nationalbibliothek verzeichnet diese Publikation in der Deutschen Nationalbibliografie; detaillierte bibliografische Daten sind im Internet über http://dnb.dnb.de abrufbar.

2. Auflage 2025
ISBN 978-3-95976-460-5

Kunstverlag Josef Fink, Lindenberg i. Allgäu
www.kunstverlag-fink.de

Korrektorat: Carolin Völk, Windach
Layout: Mathias Baumgartner, Lindenberg i. Allgäu
Bildbearbeitung: Camscan, Stiefenhofen
Gedruckt in der EU.

Inhalt

Vorwort 5

„Durchleuchtete Farbe“ **9**
Ausstellung von Helmut Kästl
vom 06.05. bis 13.06.2011 in St. Benedikt, München

„Ankunft des Lichtes“ **15**
Ausstellung von Helmut Kästl
vom 16.08. bis 27.10.2012 in der Stadtgalerie Altötting

Holzschnitte zur Passion **19**
Ausstellung von Franz Rindfleisch vom 10.07. bis 15.08.1994
in der Unterkirche von Bergen/Neuburg

Köpfe **27**
Ausstellung von Franz Rindfleisch vom 14.07. bis 15.08.1995
in der Unterkirche von Bergen/Neuburg

„engelwärts“ **31**
Ausstellung von Rudolf Ackermann vom 01.03. bis 28.03.1999
in St. Lukas in München

Landschaft – Stillleben – Portrait **37**
Ausstellung von Hermann Eller vom 19.05. bis 04.06.1995
in Regensburg

Landschaft – Jurahäuser – Steinbrüche – Stelen **41**
Ausstellung von Anne Grzimek, Gustl Haller und Rupert Fieger
vom 15.09. bis 30.09.1995 in der Johanneskirche in Eichstätt

LICHTZEICHEN **49**
Ausstellung von Annette Steinacker vom 11.11. bis 26.11.1995
in der Kapuzinerkirche in Wemding

Bilder schreiben – Texte zeichnen 55
Ausstellung von Otto Heigold vom 03.07. bis 30.10.2001
in der Staats- und Seminarbibliothek in Eichstätt

Ein-Blicke: Passion 63
Ausstellung von Stephan Weyergraf-Streit vom 07.02. bis 21.02.2008
in der Johanneskirche in Eichstätt

Landschaften 81
Ausstellung von Viktor Scheck vom 30.09. bis 28.10.2018
im Rathaus in Neuburg an der Donau

Kreatur und Vanitas 87
Ausstellung von Rudolf Koller vom 15.07. bis 31.10.2017
im Diözesanmuseum in Eichstätt

Himmelwärts 99
Ausstellung von Franz Hämmerle vom 27.04. bis 21.09.2014
in St. Ottilien

Scherenschnitte und Druckgraphik 107
Ausstellung über Melchior Grossek vom 18.04. bis 30.06.2013
im Diözesanmuseum in Eichstätt

Licht und Auferstehung 123
Ausstellung von Ernst Steinacker und Annette Steinacker-Holst
vom 26.02. bis 30.07.2023 in Kloster Heidenheim

Bildnachweis 132

Im letzten Jahrzehnt des 20. und im ersten des 21. Jahrhunderts war in der deutschen katholischen wie auch evangelischen Kirche ein Interesse am Dialog mit Kunstschaffenden spürbar. Dieses scheint gegenwärtig zu erlahmen. Um dem entgegenzuwirken, habe ich mich entschlossen, einige Texte zu veröffentlichen, die ich im Zusammenhang mit Kunstausstellungen als Beitrag zu diesem Dialog geliefert habe; denn eine erneute Intensivierung des Gespräches mit der Kunst haben unsere Kirchen dringend nötig. Gerade die Skandale, die im letzten Jahrzehnt wie ein Schwelbrand in der Öffentlichkeit schmoren und immer wieder aufflackern, verbrennen so viel an Vertrauen und lassen die bedeutenden Beiträge, welche die Kirchen für die Gesellschaft leisten, sowie auch das viele, was in den Kirchen an Gutem gerade auch im Kleinen geschieht, im Rauch ersticken.

In dieser Situation ist es nötig, nicht nur im Löschkommando tätig zu sein, sondern auch zu überlegen, wie in der entstandenen Brache eine Neupflanzung begonnen werden kann. Dazu scheint mir als Ansatz die Frage wichtig, wie überhaupt Religion im Leben eines Menschen und in der menschlichen Gemeinschaft kommuniziert werden muss und kann. Und da komme ich zur Erkenntnis: Dies funktioniert nur mit den Mitteln menschlicher Kultur. In der Religion und insbesondere im Christentum geht es um die Beziehung des Menschen zum Absoluten Geheimnis, das sich geoffenbart hat, und zwar in menschlich verstehbarer Weise. Die Vermittler dieser Gott-Offenbarungen haben die Zuwendung des Ewigen inmitten ihrer Lebenswelt erkannt und darzustellen versucht. Sie haben in literarischen Formen gesprochen, haben Erkenntnisse in Musik gekleidet, haben rituelle Gesten gefunden, haben Bilder kreiert, um das Unsagbare anzudeuten und mit ihm in Kontakt zu treten, haben die Fülle der unterschiedlichen Erfahrungen zusammenkomponiert, haben die „Gott-Worte" tradiert und haben vieles getan, dass ein Mensch seine ganze Existenz nach diesem Unbekannt-Bekannten ausrichten kann. Alle Formen menschlicher Ausdrucksweise und menschlicher Kommunikation sind nötig, um dem Unbegreiflichen im Leben Raum zu geben.

Das heißt: Alle Künste waren und sind notwendig, um das Entscheidende der Religion je neu in ein Menschenleben und in eine Gegenwarts-Gesellschaft einzupflanzen. Dazu kommt: Ursprüngliche Erfahrungswelten gilt es in die gegenwärtige Welt neu einzubringen. Das geht nur mit

Hilfe der menschlichen Ausdrucksformen, die in den jeweiligen Künsten ihre Qualität finden. Die Religion braucht die Kunst der Literatur und der Sprache, die Kunst des Sprechens, die Kunst der Musik, die Kunst der Bilder, die Kunst der Inszenierung, die Kunst der einfachen Zeichenwelten wie auch die Kunst der akrobatischen Ausdrucksformen. Die kirchlichen Löschkommandos, welche all die skandalösen Brandherde im kirchlichen Leben zu löschen suchen, müssen wir ermahnen: Achtet darauf, dass die „Wasserschäden", die ihr möglicherweise erzeugt, die „Brandschäden" nicht übersteigen. Kürzt nicht die Mittel für die Künste; denn diese liefern den Samen, das Brachland neu zu begrünen.

Dank sei gesagt dem Kunstverlag Josef Fink für die Aufnahme ins Verlagsprogramm. Besonders sei gedankt Herrn Mathias Baumgartner, der nach dem unerwarteten Tod von Herrn Georg Mader das Layout übernahm, sowie Frau Dr. B. Tamara Steiner für das Korrekturlesen.

Ludwig Mödl

Prof. Dr. Ludwig Mödl wirkt gegenwärtig als Seelsorger in der Heilig-Geist-Pfarrei in München und an anderen Orten, besonders auch als Leiter von Exerzitien, als Prediger und als Referent. 1938 in Ingolstadt geboren, wurde er 1966 in Eichstätt zum Priester geweiht. Er war Regens im Priesterseminar Eichstätt (1971–1987), Professor für Pastoraltheologie, Homiletik und Spiritualität in Luzern (1988–1992), Eichstätt (1992–1997) und München (1997–2003) sowie Spiritual im Herzoglichen Georgianum München (2003–2013). Nebenamtlich wirkte er als Pfarradministrator in Bergen bei Neuburg (1992–1996) und Pellheim bei Dachau (1997–2003), als Rundfunkprediger im Bayerischen Rundfunk (1974–2015) und als Universitätsprediger in St. Ludwig in München (2007–2013). Von 2003 bis 2022 war er Vorsitzender des Vereins für Christliche Kunst in München e. V. und ist jetzt zweiter Vorsitzender.

H. Kästl, „Schöpfungstag", 2011 – Echt-Antikglas, transparent/opak, Bleiverglasung, Vorhängescheibe, 65 x 43 cm

„Durchleuchtete Farbe"

Ausstellung von Helmut Kästl
vom 06.05. bis 13.06.2011
in St. Benedikt, München

Eröffnungsrede zur Ausstellung am 6. Mai 2011[1]

Eine Kirche, die nicht den verschiedenen Künsten Raum gibt, ist gleichermaßen arm an Strahlkraft wie eine Kirche, die keine dem Reflexionsniveau ihrer Zeit entsprechende Theologie fördert und pflegt. Sie verkommt zu einer organisierten Religionsinstitution oder nimmt sektenhafte Züge an. Zweifach ist diese These zu begründen: mit einem Argument aus der praktischen Theologie und einem aus der theologischen Weisheitslehre.

Das Unbegreifliche in Worte und Zeichen fassen

Religion braucht das Wort, das Zeichen, die Geste, die Inszenierung, das Bild (zumindest als Sprachbild), die Musik und andere Darstellungsformen; denn sie kann das Geheimnisvolle ihres Inhaltes nicht anders ausdrücken denn in sinnenhafter Weise. Sie bedarf also der vielfachen Künste, wie die Kultur sie geformt hat und je neu formt. Religion und Kunst sind enger miteinander verwandt, als viele Kirchenstrategen dies sehen wollen. Dies gilt heute in gleicher Weise wie zu anderen Zeiten, als die Nähe von Kunst und Kirche eine Selbstverständlichkeit war, da ja die allermeisten Kunstwerke für den religiösen Raum geschaffen wurden bzw. letztlich transzendent-religiöse Aussagen machen möchten. Heute ist das nur noch in einem relativ schmalen Rahmen der Fall. Doch auch in unseren Tagen ist die Kirche gut beraten, sich mit der gegenwärtigen Kunst wieder zu verbinden und ihre Anliegen ernst zu nehmen; denn den Künsten geht es gegenwärtig nicht in erster Linie um das Schöne (wie frühere

---

1 Einige Passagen sind gedruckt im Katalog: Walter Dohmen, Glaubenszeichen – Glauben zeichnen, Ausstellung im Domschatz- und Diözesanmuseum Eichstätt: Malerei-Zeichnung-Druckgrafik, Lindenberg 2011.

Kunsttheorien dies suchten) oder gar nur um verzierenden Schmuck – im Gegenteil. Die Kunst sucht dem Menschen einen neuen Zugang zu dem zu eröffnen, was sich dem politischen, wirtschaftlichen, alltagspraktischen und sonst wie verzweckbaren Denken nicht erschließt. Sie sucht in größerer Wahrhaftigkeit die Tiefen des Wirklichen offenzulegen. Dabei greift sie in Bereiche, die Transzendentes tangieren, ja in nicht geringem Maße Religiöses einbeziehen. Dies muss auch die Theologen und jene interessieren, denen es ein Anliegen ist, dem Glauben in die Zeit hinein Ausdruck zu geben; denn hier werden Sprach- und Zeigeformen gefunden, welche die Augen öffnen für einen Tiefen-Blick. Das Ringen um transzendente bzw. religiöse Wirklichkeiten erfordert höchste Anstrengung und höchste Qualität, in der Theologie gleichermaßen wie in der Kunst; denn es geht um die wichtigsten Bereiche des Daseins:

- um den Menschen in seinen Grundbezügen,
- um das Aufnehmen von geoffenbarten Botschaften, die das menschliche Blickfeld übersteigen,
- um die Hinwendung zum Heilbringenden
- letztlich um Gott.

In allen Ausdruckformen, die dem Menschen zur Verfügung stehen, kann und muss dies geschehen. Ein *Wort* will das Unsagbare so in den Blick rücken, dass ein Hauch göttlicher Zuwendung erahnt werden kann. Es darf keine Worthülse sein, die vorgibt, Tieferes zu meinen – und doch keine lebenspraktische Bedeutung hat. Es muss also literarische Qualität besitzen. Eine Predigt, die nicht wenigstens im Ansatz Literatur ist, bleibt banale Phonetik.

Gleiches gilt von der *Musik*. Ob sie Worte unterstreicht im Lied oder als Tonfolge die Seele zum Schwingen zu bringen versucht – und damit Erkennen und Schauen initiiert, sie muss die Hörenden in die Welt des Geistigen heben. Dann kann es geschehen, dass ein Widerhall der göttlichen Botschaft spürbar wird.

Gleiches gilt vom *Bild* in jedweder Form, plastisch oder auf eine Fläche gemalt, auf Holz oder Papier aufgetragen oder in Glas gegossen. Die hierbei gezeigten Formen, Farben oder Gestalten weisen (vornehmlich beim modernen Bild) den Beschauer meist durch das Thema oder den Titel auf die höhere Dimension des Gezeigten und erzeugen in ihm eine Ahnung von bislang Ungeahntem. Überraschung, Innovation, Präsenz menschlicher Grundwerte, spürbare Wahrhaftigkeit und noch Weiteres, was die Qualität ausmacht, muss dem Bild zu eigen sein. Ein Bild, das keine Qualität besitzt, verengt den Blick, macht in falscher Weise eindeutig und verführt so zur „Häresie", die im Wesentlichen darin besteht, zu meinen, in einer sinnenhaft-erfahrbaren Darstellung oder einem theologischen Begriff oder einer rituellen Handlung stecke schon das Eigentliche in seiner Ganzheit. Das Sichtbare, Hörbare, Greifbare, Riechbare oder Schmeckbare ist nur „Weiser" oder „Wegweiser" auf eine tiefere Wirklichkeit hin.

Unsere Kirche muss zurzeit sehr darauf achten, dass sie nicht in die „Machbarkeitsfalle" tappt. In der Kirchenorganisation muss einiges umstrukturiert werden. Viele Gründe gibt es dafür: den Priestermangel, die soziologischen Veränderungen, die Ausbreitung anderer Religionen in unserem Land u. a. Man geht meist pragmatisch vor und denkt im Sinne einer Verwaltungsgemeinschaft, die flächendeckend die Kirchen-Organisation garantiert und weithin von dem Gedanken getragen ist, wie übers Land hin Eucharistiefeiern gehalten werden können. Die Fragen des Organisatorischen und Planerischen stehen dabei so sehr im Vordergrund, dass oft die eigentlichen Fragen vergessen werden. Denn bei einem rein pragmatischen Vorgehen kommt ein „Religionsbetrieb" heraus, welcher die Menschen in ihrem Sehnen übersieht und nicht in der Suche nach dem je größeren Gott ihre erste Aufgabe erkennt. Nach dem Motto „Mehr desselben!" (Paul Watzlawick, „Anleitung zum Unglücklichsein") entwickelt solches Handeln eine Eigendynamik, die jede den Menschen zuträgliche Neuausrichtung erstickt – und damit die Qualität des religiösen Suchens marginalisiert.

Die erste Frage darf nicht heißen, wie organisiere ich das bisher Gestaltete neu, sondern, wie kann ich unter den gegebenen Umständen das Eigentliche der Religion befördern. Und das ist: die Menschen mit der göttlichen Wirklichkeit in Kontakt bringen – nicht nur in der Eucharistie; denn die besuchen nur noch etwa 11 % der deutschen Katholiken regelmäßig, sondern noch intensiver: Wie helfe ich den 11 % und zugleich den 89 % der Fernstehenden, dass sie die Glaubenszusagen für sich neu entdecken und Lebenskraft daraus schöpfen können. Dann werden die 89 % vielleicht auch wieder die Eucharistie entdecken.

Bei diesem Unterfangen, nämlich der bleibenden Gott-Suche, sind die Künste nicht nur dienende Helfer, sondern ernsthafte Gesprächspartner, insofern sie den Blick für das wirklich Wichtige zu öffnen versuchen;

denn Kunst ist allemal innovatives Suchen nach neuen Formen, Worten, Metaphern, Bildern, um Wahrheiten und unsichtbare Wirklichkeiten wahrnehmbar zu machen.

Der gegenwärtige Mangel an Kunstsinn und Kulturnähe bei vielen in unserer Kirche Tätigen ist Indiz dafür, dass die vorhandenen Praktiken den Blick für Gott und den Menschen eher verstellen denn frei machen.

Zwar wird seit einigen Jahrzehnten der Kontakt zur Gegenwartskunst auch von den Kirchenleitungen gesucht, und es gibt Ansätze, die Künstlerinnen und Künstler der verschiedenen Fächer wieder für ein Gespräch mit Kirchenvertretern zu interessieren. Aber das genügt nicht! Die Sorge um die Qualität aller Darstellungsformen – ob in der Architektur, in der bildenden Kunst, in der Musik, in der Inszenier-Kunst, in der Sprechkunst, in der literarischen Darstellungskunst – darf nicht als ein Schauen auf das rein Äußere verstanden werden. Es geht um die Inhalte, und zwar um die Wahrhaftigkeit der Inhalte, die nur mit Hilfe sinnenfälliger Kunstformen je neu erfasst und vermittelt werden können. Die geoffenbarten und alle den Menschen in seinem Gott-Bezug betreffenden Themen gilt es in die je beste Form für die Gegenwart zu fassen. Damit das gelingt, braucht die Kirche die Hilfe aller menschlichen Künste ihrer jeweiligen Zeit. Diese Überlegungen möchte ich noch durch ein theologisches Argument aus der Weisheitstheologie verstärken.

Weisheit

Im Psalm 111 heißt es: *„Die Furcht des Herrn ist der Anfang der Weisheit“* (Ps 111,10). Was damit gemeint ist, erschließt sich uns, wenn wir den Satz in eine andere, uns geläufigere Sprachform gießen, die in etwa so lauten könnte: Weise wird ein Mensch, wenn er Ehrfurcht hat vor der nicht erkennbaren, aber erahnbaren Wirklichkeit hinter allen greifbaren Wirklichkeiten. Er zollt dem Geheimnis den größten Respekt und gibt damit an: Ich lebe nicht aus mir – und ich lebe auch nicht aus meiner Aktivität heraus, sondern das Entscheidende ist mir geschenkt, und zwar von der geheimnisvollen Wirklichkeit, die mir wesentlich verborgen bleibt. Unsere Glaubens-Tradition nennt dieses Geheimnis „Gott“. Von ihm kommt alles, und auf ihn hin ist alles ausgerichtet. Der Psalmvers nennt ihn „Herr“ und drückt damit aus: Der Weise anerkennt für sich die absolute Weisungsbefugnis dieses Geheimnisvollen, dessen Wesen es – nach jüdisch-christlicher Tradition – ist, dass er in Beziehung zu uns tritt, so dass alle seine

Namen Beziehungsnamen sind: IHWH, der ICHBINDA, oder Immanuel (Gott-mit-uns) oder eben „Herr", d. h. Weisungsgebende Autorität. Wer sich grundlegend an dieser Vorgabe ausrichtet, der hat Anteil an der Weisheit. Doch von dieser Weisheit heißt es im Buch Jesus Sirach 1,4:
„*Früher als sie alle* (die Schöpfungswerke) *ist die Weisheit erschaffen.*"

Das Erste also, was der Ewige geschaffen hat, ist die Weisheit. Und unter Mitwirkung dieser geschaffenen Weisheit hat er alles Übrige entstehen lassen. Der Anfang aber dieses „Alles", das Erste also, was mit Hilfe der Weisheit geschaffen wurde, ist aus jüdischer Sicht die „Tora", das Gesetz im umfassenden Sinne. Wir können sagen: die Gesetzlichkeit alles Geschaffenen. Damit ist nicht nur das göttlich geoffenbarte „Gesetz" gemeint, wie es in den Weisungen und den anderen Schriften der Bibel zu finden ist, sondern darin eingeschlossen sind all jene Gesetzlichkeiten, die in der Welt und im Kosmos gelten. Darunter dürfen wir subsumieren, was wir in der neuzeitlichen Sprache als Naturgesetze bzw. als Gesetze des Immanenten bezeichnen, also die Gesetze des Vernünftigen, des Sich-Entwickelnden – ja auch die Gesetzlichkeit der Evolution. Aber auch das im geschaffenen Kosmos, was sich unserem direkten Einsehen entzieht und was unsere Möglichkeiten übersteigt, ist darin eingeschlossen. Die Weisheit mit all ihren Gesetzlichkeiten ist also das erste Geschöpf, und dieses Geschöpf wirkt bei aller weiteren Schöpfung mit.

Hier nun kommen auch die Künste ins Spiel. Dem Menschen ist es gegeben, über die im natürlichen Raum vorgegebenen Dinge hinaus gestalterisch tätig zu werden, so dass er mit den vorhandenen Möglichkeiten ganz neue Formen findet und schafft. Die Weisheit ist dabei im Spiel. Die unendlichen Möglichkeiten des zu Schaffenden werden in der Kunst aktiviert. Mit Hilfe dieser schöpferischen Kraft gelingt es dem Menschen, den „Alltagspragmatismus" zu überwinden und in vielfacher Weise einen „Mehrwert" zu erzielen, der Neues bringt, das in der Lebenswelt eine Rolle spielt und des Menschen Sinn über die vitalen Lebensvorgänge, über das Ökonomische, über das Alltagspraktische hinaushebt. Es sind also die Künste, die je neue Zugänge zu der verborgenen Wirklichkeit erschließen können – mit Hilfe der geschaffenen Weisheit, um die sie sich mühen, indem sie die weithin verborgenen Gesetzlichkeiten in und durch sich wirken lassen.

Auf diese Weise partizipiert die Kunst an dem, was in der Offenbarung der Religion als menschliche Basis gegeben sein muss, damit für die „Worte des Ewigen" Bilder, Sprachformen, Metaphern, Rituale und andere Darstellungsmöglichkeiten gegeben sind, in denen sich diese präsentieren können.

Die Künstler nehmen also teil an der Grundaufgabe der Theologie und der Glaubenspraxis, die heißt: Gott, der Geoffenbarte und Sich-Offenbarende, ist allzeit zu suchen!

So gilt: Die Kirche braucht die Kunst, sie braucht alle Formen der Kunst, um vom Geheimnis des Ewigen in je neuen Metaphern, Bildern und Gestalten sprechen zu können und so den Menschen in ihrem „Sehnen nach mehr" Hilfen zu geben. Die alte Botschaft erschließt sich nur dem, der sie je neu sucht und findet – mit allen Mitteln der Kunst; denn das ist die Quintessenz der Weisheitstheologie: „Gott ist der allzeit zu Suchende".

H. Kästl, „Österliches Licht", 2011 – Echt-Antikglas, opak, Bleiverglasung, Vorhängescheibe, 48 x 48 cm

„Ankunft des Lichtes"

Ausstellung von Helmut Kästl
vom 16.08. bis 27.10.2012
in der Stadtgalerie Altötting

Eröffnungsrede zur Ausstellung am 16. August 2012[2]

Autonom sei die Kunst – müsse sie sein! Dies ist die Überzeugung der Kunstschaffenden seit der Mitte des 19. Jahrhunderts. Das bedeutet: Nicht der Auftraggeber bestimmt das Werk, auch nicht vorgegebene Themen oder Darstellungen prägen das Werk eines Künstlers, er bringt es hervor aus sich selbst heraus, er schafft etwas Neues, Nicht-Dagewesenes, er erschafft es aus seiner Intuition heraus. So sei der Künstler in seiner Kunst durch niemanden bestimmt außer durch sich selbst. Dies meint Autonomie der Kunst. Und diese Idee beherrscht auch heute noch die Szene, wenn sie freilich auch nicht mehr so vollmundig klingt wie noch im vorigen Jahrhundert.

Zwei Quellen, so scheint mir, hat diese These. Die eine Quelle war der allgemeine Trend der Aufklärung. Sie nahm den Mensch zum Maß und sprach jedem Einzelnen Autonomie zu. Jeder Mensch darf selbstständig entscheiden in Fragen des Menschseins. Er bestimmt sein privat-sittliches Leben, er bestimmt seine Religion und er gestaltet frei sein Leben; denn jeder ist nicht nur vor dem Recht gleich, sondern jedem kommt die gleiche Würde zu. Freilich trage jeder auch etwas zum Gemeinschaftsleben bei, da er unweigerlich in die Gemeinschaft der Menschen eingebunden ist. Freiheit, Gleichheit, Brüderlichkeit waren die Stichworte, welche die Idee der Autonomie des Einzelnen im 18. Jahrhundert signalisieren wollten. Das ist die eine Quelle, die freilich spätestens nach der Französischen Revolution nicht mehr so vollmundig klang; denn da wurde die Brüderlichkeit schnell zu Krieg, Freiheit schnell zum Hort von Interessen und Gleichheit schnell (und nachhaltig) zum illusorischen Alibi derer, die sich eine Welt ohne Vorgaben erträumten – was bis heute gilt.

2 Vgl. zum Thema: Ludwig Mödl, Autonome Kunst und Kirche, in: KlB 94 (2014) Nr. 11, S. 239–243.

Der Künstler aber, der Künstler wenigstens sollte autonom sein dürfen, wenn es sonst schon nur sehr bedingt möglich ist; denn er „stellt etwas her", das zugleich etwas völlig Neues „darstellt".

Hier setzt die zweite Quelle der Autonomie-Idee an, welche seit Alexander Gottlieb Baumgarten (1714–1762) das Denken zu bestimmen begann.

Alexander Gottlieb Baumgarten war[3] von Christian von Wolff (1679–1754) beeinflusst, dem führenden Philosophen seiner Zeit. Er führte Wolffs Tendenz zur Aufgliederung der metaphysischen Traktate weiter und begründete mit seinem zweibändigen Buch „Aesthetica" (2 Bde. 1750) die Ästhetik als selbstständiges Fach. Inhalt der Ästhetik ist die „scientia cognitionis sensitiva", d. h. Erkennen durch direkte Sinneseinwirkung! Dieses „unser Erkenntnisvermögen" steht neben der „cognitio rationalis", der rationalen Erkenntnis. Die „scientia cognitionis sensitiva" kann die Schönheit direkt wahrnehmen.[4] Die Folgen aus Baumgartens Ansatz für die Kunst bzw. das Kunstverständnis waren, dass nicht nur die Betrachtungsweise eigenständig verstanden werden kann (in der Kunstwissenschaft), sondern die Kunst selbst. Sie stellt eine andere denn rationale Zugangsweise zur Wirklichkeit dar. Das heißt: Das Bild beeindruckt direkt. Es bewirkt etwas in der Seele, wenn immer ein Mensch es anschaut. Es gefällt oder es gefällt nicht.[5]

Diese Position setzt Baumgarten und folgert daraus, dass die Ästhetik ein eigener Zweig der Metaphysik, also der systematischen Philosophie sein müsse, da hier ja eine eigene Art von Logik, gleichsam eine Bild-Logik, zur Wirkung komme. Die Folge war, dass die Kunst als eigene Art, Wirklichkeit zu behandeln, gegenüber anderen Zugangswegen autonom sein muss. Die Idee der Autonomie der Kunst war damit geboren. Nicht Auftraggeber und Themen bestimmen das Werk, sondern die frei hervorzubringenden Formen geben die Gestalt des Kunstwerkes ab.

So bekam durch Baumgarten Kunst und Künstlertum einen gesonderten Status im Denk- und Handlungsgefüge.

Im 20. Jahrhundert wurde diese Idee noch dahingehend erweitert, dass Kunst nicht in erster Linie das Schöne, sondern das Wahre zu präsentieren habe. Und damit sind alle Bereiche der Wirklichkeit, auch das Hässliche, gleichermaßen Gegenstand der Kunst wie das Schöne und das Gute.

Der Künstler aber stellt diese neue Wirklichkeit dar, wie sie ihm intuitiv kommt. Er erfindet Formen und Bilder – in anderen Kunstrichtungen Tonreihen und Sprachelaborate, Bewegungsabläufe und Inszenierungsbögen.

Da Autonomie in anderen Bereichen des Daseins immer nur sehr begrenzt verwirklicht werden kann, wie sehr man sie auch beschwören mag, sei wenigstens die Kunst weitgehend autonom; denn die Menschen sind eben nicht wirklich gleich, sind nur begrenzt brüderlich und in nur ganz wenigen Bereichen wirklich frei. Der Künstler aber sei Exponent der Autonomie. Er stellt Wirklichkeit in bislang unbekannter Weise dar, konfrontiert die Menschen mit seinem Elaborat oder ignoriert die beengenden Vorgaben, soweit er kann.

In der Tat: Die Künstler der letzten 150 Jahre haben dies in unterschiedlicher Weise zu verwirklichen versucht – und versuchen es bis heute, nicht selten provokativ.

So haben z. B. im Jahre 2012 Kunststudenten einen großen Haufen Sperrmüll am Zaun der Münchner Akademie aufgehäuft und diesen zum Kunstwerk erklärt – mit dem Titel: „Kunstprodukte!" Sie wollten öffentlich zeigen – kritisch zeigen: Alles, was ihr produziert und was euch so wichtig ist, wandelt sich letztlich in Müll. Hier liegen deine Werte, 21. Jahrhundert!

Anders, nicht provokativ, versucht unser Künstler autonome Werke zu schaffen. Auch er ist nicht bestimmt von Vorgaben thematischer Art. Seine Vorgaben sind die Umstände, die Größe der Fenster, das Maß der Leinwand usw. Und eine weitere Vorgabe ist die Funktion des Raumes, in welchem das Kunstwerk zu stehen kommen soll. Dann arbeitet er in autonomer Weise, erfindet Formen, kleidet sie in Farben und gibt ihnen eine Gestalt, welche ihm – und dann auch den Beschauern – eine Wirklichkeit präsentieren, die einen „Mehrwert" darstellen will, und zwar (in unserer Ausstellung) dahingehend, dass alle erfühlen, was in den Satz gefasst werden kann: „Ankunft des Lichtes!"

Das ist der Titel der ganzen Ausstellung: „Ankunft des Lichtes!" Durch die Scheiben strahlt es – farbig zum Beschauer hin. Im Glas bricht es sich und bringt Farben und Formen zu mir her, dem Beschauer, und tritt mit

---

3 Gleichermaßen wie sein Bruder Siegmund Jacob Baumgarten (1706–1757), der protestantische Theologe.

4 Die Idee tauchte schon bei Leon Battista Alberti (1404–1472) auf, dem großen Theoretiker der Renaissance.

5 Auch Thomas von Aquin sagte: „pulchra sunt quae visa placent" (schön ist, was beim Anschauen gefällt).

mir in einen Dialog. Das Licht aber können wir betrachten als Chiffre für jene unsagbare Wirklichkeit, die hinter den erfahrbaren Wirklichkeiten steht und die diesen erst Leben und Existenz gibt. Das Licht komme an, bei jeder Betrachterin und jedem Betrachter. Es erhelle die Schatten, die sich im Inneren gebildet haben mögen, und mache verborgene Wirklichkeiten offenbar. Ich wünsche allen, welche die Ausstellung besuchen, dass die Intention des Künstlers überspringt und sie etwas spüren von der „Ankunft des Lichtes"!

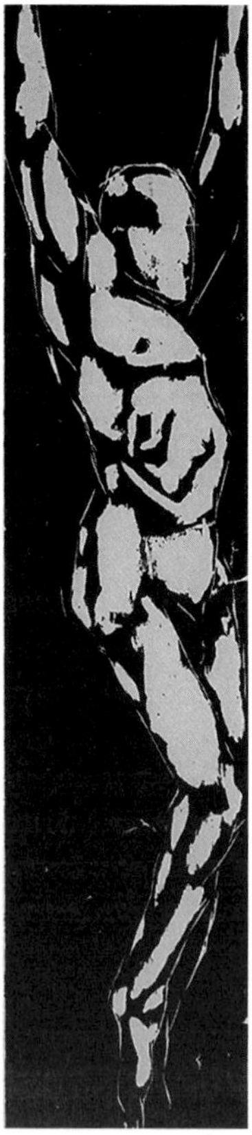

F. Rindfleisch, „Erhöhter II", 1994 – Holzschnitt, 104 x 24 cm

Rede zum Ende der Ausstellung am 15. August 1994[6]

Kunst versteht sich als autonom. Der Künstler schafft sein Werk. In ihm bringt er mit Hilfe irgendwelcher Materialien sein Empfinden und Erkennen in eine Form. Dieses Gebilde ist mehr als das gestaltete Material, mehr als ein vorgeprägter oder längst anderswie vermittelter Inhalt, mehr als ein Spiegel seines Sehnens. Es ist sein geschaffenes Werk. Es besitzt einen „Mehrwert". Dieser „Mehrwert" will sich an Beschauer vermitteln. Die Vermittlung geschieht mit Hilfe der für sich sprechenden Form, eines Titels oder des Umfeldes, in das das Objekt hineingestellt wird. Jedes dieser „Medien" beeinflusst die Aussage zumindest dahingehend, dass es das Vorwissen oder die Sehgewohnheiten der Beschauer aktiviert. Hier muss sich das Kunstwerk behaupten und seine Neuaussage kundtun.

Das Umfeld

Nicht nur religiöse Titel oder ein religiöses Umfeld erzeugen in den Betrachtern spirituelle Gedanken und Gefühle. Religiöses kann überall dort einschwingen, wo urmenschliche Empfindungen aufbrechen und Wirklichkeiten ins Spiel kommen, die Tiefen des Daseins ausloten. Es zeigt sich dann gleichermaßen, ob Harmonie oder Disharmonie, Ordnung oder Chaotisches einen Raum beherrschen. Religiöses hat freilich in der Tradition und in der Lebensgeschichte des einzelnen Menschen seine Vorgaben und Ausdrucksweisen, es hat erzählte Inhalte und erlebte bzw. erlittene Erfahrungen.

6 Der Text der Rede ist abgedruckt im Katalog, der im Nachgang zur Ausstellung veröffentlicht wurde: F. Rindfleisch. Holzschnitte zur Passion, herausgegeben von Franz Rindfleisch. Mit einem Beitrag von Ludwig Mödl, Eichstätt 1994.

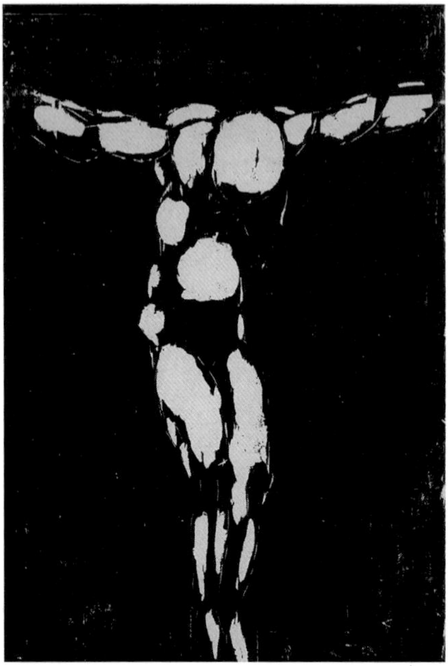

F. Rindfleisch, „Gekreuzigter", 1994 – Holzschnitt, 108 x 73 cm

Dazu gehören sakrale Räume und überlieferte Symbole. Beide können blass und schablonenhaft geworden sein, sie können aber auch ihre ursprüngliche Kraft bewahrt haben.

Ein alter Brauch war es in der katholischen Kirche, in der Fastenzeit Bilder und Figuren mit violetten Tüchern zu verhängen. Auf diese Weise wurden sie eine Zeit lang versteckt, um in der Osterwoche wieder neu erlebt werden zu können. Eine andere Art, Raum und Symbol neu zum Sprechen zu bringen, ergibt sich, wenn man den Raum und die bekannten Bilder oder Symbole mit neuen Werken konfrontiert. Diese treten in Dialog mit dem Vorhandenen.

Stellt nun ein Künstler seine Objekte in einen traditionell

„religiös" genannten Raum oder gibt er seinem Werk einen Titel, der in der religiösen Tradition bestimmte Inhalte mitsagt, dann findet der Beschauer darin Interpretationshinweise. Doch damit werden die Objekte nicht schon vereinnahmt in eine bekannte religiöse oder kirchliche Strategie. Vielmehr wird damit angezeigt, dass jedes Objekt, das menschliche und geschöpfliche Tiefen ausdrückt, in sich die Tendenz hat, „sakramentalisch" zu wirken, d. h. zu einem „vestigium", einer Fußspur (Bonaventura), oder einem „signum", einem Zeichen (Augustinus), zu werden. An ihm lässt sich die religiöse Durchpulsung aller Wirklichkeit erahnen. Wer in die Materialien einen „Mehrwert" einstiftet und in diesem wahrhaftig wird oder bleibt, der drückt auf seine Weise etwas von dem aus, was auch die Religion zur Sprache bringen will. Er zeigt: Die Wirklichkeit, die mich umgibt und von der ich selbst ein Stück bin, erschöpft sich nicht in ihrer funktionalen Banalität, sondern kennt spirituelle Tiefen.

Der Ausstellungsort (als Botschaftsverstärker?)
Der „genius loci" unserer Ausstellung ist geprägt von zwei Elementen: Zum einen steht die Kirche inmitten einer alten Fliehburg, deren ovale Umfriedung noch heute unzweideutig zu sehen ist. Diese Burg wurde von der Bayernherzogin Wiltrudis im Jahre 976 in ein Kloster umgewandelt. Bis zur Aufhebung durch die Reformation im Jahre 1553 lebten hier Benediktinerinnen. Nach der Rekatholisierung wurde das Kloster nicht

Pfarr- und Wallfahrtskirche zum Heiligen Kreuz in Bergen/Neuburg

Das Innere der Kirche

wiederbelebt, sondern die noch verbliebenen Güter wurden in eine Studienstiftung eingebunden. Die Klostergebäude blieben in privater Hand, während die Kirche als Pfarr- und Wallfahrtskirche weiterhin genutzt und ausgebaut wurde. Damit kommen wir zur zweiten Besonderheit des Ortes: Der Überlieferung nach hat die Gründerin von einer Tante einen Kreuzpartikel geschenkt bekommen, also ein Stück jenes Kreuzes, das die Kaiserinmutter Helena als das Kreuz Christi identifizieren ließ. Selbst wenn die Frühdatierung des hiesigen Kreuzpartikels historisch geschönt sein mag, so gilt doch, dass seit vielen hundert Jahren an diesem Ort das Kreuz Christi in besonderer Weise bedacht und verehrt wurde. Damit kommt ein Element einer mittelalterlichen Spiritualität in den Blick, das uns heute weithin abhandengekommen ist, das aber dennoch damals eine weltbewegende Bedeutung hatte.

Mittelalterliche Perspektive

Im frühen Mittelalter hat sich die Weltsicht der Menschen immer mehr auf das hin gelenkt, was „zuhanden" ist, d. h. die irdischen Dinge wurden in ihrem Selbstwert erkannt. Damit waren die Einzeldinge ihres oftmals numinosen Charakters entkleidet und standen so ohne Mythos da. Das führte dazu, dass man immer deutlicher ahnte: Die irdische Wirklichkeit ist ein geschlossener Kosmos, der für sich selbst funktioniert. Vieles freilich ist an ihm brüchig, und das machte Angst. So bedrängte die Frage: Wie kann diese Brüchigkeit behoben werden? Wir Menschen können es nicht von uns aus. Wer aber kann es? Als Antwortansatz konnte nur gelten: Gott nur kann helfen. Deshalb stand die Frage im Raum: Wo ist in diesem selbstständigen Kosmos das Göttliche anwesend? Wo ist der Schöpfer noch am Werk? Zwei Antworten auf diese Fragen fand man im christlichen Kontext: Zum einen sagte man: Durch die Menschwerdung Christi ist Göttliches ins Menschliche gekommen. Christus ist der göttliche Punkt inmitten des selbstständigen Kosmos. Und die zweite Antwort war: Dieser Kosmos trägt noch die Handschrift des Schöpfers. Deshalb können wir an ihm Fußspuren des Ewigen entdecken, und das Göttliche wird uns auch durch Zeichen vermittelt und in seiner Präsenz angezeigt. Die Welt ist also nicht „gottverlassen". Denn Gott selbst ist ins Menschliche gekommen.

Diese Überzeugungen brachten mit sich, dass nun plötzlich all das, was mit der Menschwerdung Christi zusammenhängt, sehr wichtig wurde: die Orte seines Wirkens, die Überreste seines historischen Lebens. Palästina war der Platz, an dem Gott ins Menschliche kam. Deshalb war es wichtig, dorthin zu gehen, sich dort zu vergewissern: Der Kosmos ist nicht „gottlos", die Welt rollt nicht ziellos ins Nichts. Gott ist präsent in Christus. Und dieser Christus war auf der Welt. Uns freilich wird er sichtbar nur in Zeichen, und da vornehmlich in der Eucharistie, in der Brot-Gestalt des Abendmahles. Auch vermittelt er uns seine übernatürlichen Gaben in den Zeichen der Sakramente, die uns einbinden in die Gemeinschaft der Geretteten.

Die Wallfahrt zum Heiligen Kreuz ist ein Gehen zu einem Ort, an dem ein Stück eines Überrestes besichtigt werden kann, das deutlich sagt: Mit Christus ist inmitten der Menschheitsgeschichte wirklich etwas geschehen, was uns die Verwundungen des Kosmos als grundsätzlich heilbar deutet und was uns Heilung garantiert. Wer hierherkam, der bekam zugesagt: Durch das Kreuz Christi wirst du erlöst.

Barocke Perspektive

In der Barockzeit hat man diese Frömmigkeitsform wieder neu betont. Hier war das Motiv freilich die gegenreformatorische Tendenz, zu zeigen, dass die Gnadenwirklichkeit nicht nur gedacht und geglaubt in der Welt anwesend ist, sondern in Realzeichen vermittelt wird. Und dazu bietet man den ganzen Erzählschatz der Wirkungsgeschichte der Erlösungsbotschaft auf. So hat man in der Mitte des 18. Jahrhunderts die Bergener Kirche glanzvoll umgebaut und ausgestattet, wobei die Darstellungen von Christi Kreuzigung (Hochaltar), von der Kreuzauffindung (Gemälde über dem Presbyterium), der Kreuzrückführung (Gemälde im Hauptschiff) und verschiedene andere Kreuzerzählungen einheitliche Inszenierungen sind, die das Thema „Kreuz und Erlösung" in anthropologisch fassbare Bilder kleiden.

Dieses Barockinszenarium muss ein Besucher durchschreiten, wenn er die Krypta unter dem Presbyterium besuchen will, die noch ganz romanische Strenge und Harmonie atmet. In dieser Krypta waren die Holzschnitte von Franz Rindfleisch ausgestellt.

Die Bilder im historischen Raum

Dieser Rahmen stellte die Bilder automatisch in ein traditionelles Umfeld, in dem Auferstehung durch das Leid hindurch gepredigt wird. Der Titel dieser Kirche „Heilig-Kreuz" gibt noch das seine hinzu. So bestand die Gefahr, dass die Gestalten auf den Bildtafeln gedeutet werden als Neuauflage der tausendfach dargestellten Kreuzigungsbilder und deren Szenarien. Gegen diese Sehgewohnheiten und Deutungsetikettierungen mussten die Bilder ankommen. Die aufkommenden Assoziationen durften die Darstellungen nicht verharmlosen. Und das ist, wie ich meine, auch nicht geschehen, obwohl den einzelnen Blättern Titel gewohnter Ikonographie

Die Krypta – 10./12. Jahrhundert

gegeben wurden. Denn die Figuren halten die Bewegungen eines tanzenden Körpers fest, der tiefes Leid mimt. So vermitteln sie verfremdend eine Erfahrung, die jeder Mensch in seinem Leben machen muss. Erst in zweiter Linie verweisen sie auf die Botschaft, die schon seit mehr als tausend Jahren in diesen Raum hineingesprochen wird. Die Titel „Gekreuzigter", „Schächer", „Kreuzabnahme", „Ecce homo" oder „Beweinung" bleiben so unberührt von dem Geruch des Zitierens.

F. Rindfleisch, „Beweinung", 1994 – Holzschnitt, 106 x 60 cm

Titel und Raum haben die Bilder nicht vereinnahmt, sondern treten mit ihnen in Dialog. Die Bilder zur „Passion" bleiben Bilder einer menschlichen Passion, die nicht vorschnell durch ein funktionalisiert geredetes oder musikalisch aufgesetztes Halleluja ihrer Wahrhaftigkeit beraubt werden. Passion bleibt Passion, die auf die Auferstehung wartet und nicht schon in ihr schwelgt.

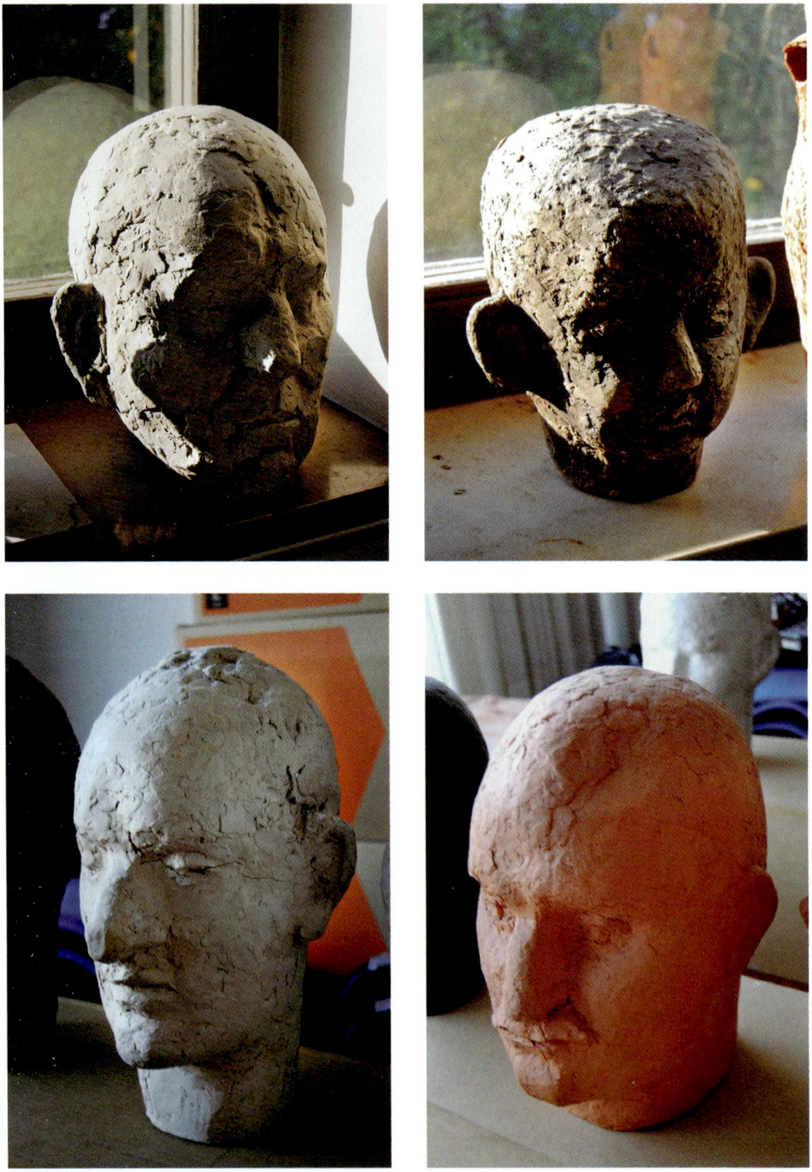

F. Rindfleisch, „Portraits", 1985–1994 – Ton, Gips, Bronze, 30 bis 50 cm hoch

Köpfe stehen für Menschen. Denn Köpfe zeigen ihre Individualität an. Am Foto erkennt man einen Menschen am eindeutigsten am Kopf. Stellt ein Künstler Köpfe dar, dann bezweckt er damit möglicherweise zweierlei: Er will mit einem Porträt einen Menschen wiedergeben oder er will nach einer reinen Form suchen, mit deren Hilfe er gleichsam einen Kopf schafft, dessen einzelne Elemente eine Wirklichkeit vermitteln. Zu beiden Absichten ein paar Gedanken.

Das Porträt

Der Begriff Porträt wurde im 17. Jahrhundert aus dem Französischen entlehnt. Er stammt etymologisch aus dem Lateinischen „pro-trahere", und das heißt wörtlich: „hervorziehen", „ans Licht bringen". Seit es Kunst gibt, werden Menschen dargestellt. Dies jedoch unterschiedlich. Schon sehr früh hat man den Menschen als Typus und damit unter irgendeinem Aspekt idealisierend wiedergegeben. In der Antike kam schon die Idee auf, den Menschen als Individuum festzuhalten. Porträts in unserem Sinne kennen wir damit in der Antike und wieder seit der Renaissance. Die Frage nach der Ähnlichkeit mit dem Dargestellten spielt dabei eine nicht unwichtige Rolle. Ein Mensch soll in einer Phase seines Lebens festgehalten, quasi verewigt werden.

Doch seit es Fotografie gibt, hat das Porträtmalen das Interesse an der genauen Wiedergabe verloren. Seither dominiert ein anderes Interesse. Das Porträt zieht etwas hervor, bringt etwas ans Licht. Doch was ist das? Was ist sein Anliegen? In den Porträts wird hervorgeholt, was in einer Person steckt, und zwar jetzt. Doch wie in einer einzigen Zelle eines Körpers alle Informationen eines Wesens in der Anlage präsent sind, so ist in dem hervorgeholten „Jetzt" die ganze Person gegenwärtig. Sie ist gegenwärtig mit dem ganzen Ernst ihres Daseins. Damit komme ich zum zweiten Element.

Die Suche nach einer idealen Form

Die Idee der Renaissance ging von der antiken Vorstellung aus, dass der Mensch die Krone der Schöpfung und damit auch deren Schönheit sei. Christlich ist dieser Gedanke aufgegriffen. Der Mensch schließt alle anderen uns bekannten Schöpfungselemente in sich, bringt sie dadurch, dass er alles mit Geist durchdringen kann, zu einer gewissen Vollendung. Deshalb kann ein Mensch und damit sein Kopf, der gleichsam das Wichtigste und Markanteste an ihm ist, Ausdruck und Material für eine gesuchte ideale Form sein. Ein Neues, ein Besseres, ein neu Gestaltetes, eine neue Schöpfung – das drückt ein Idealkopf aus. Rindfleisch wollte in der Ausstellung (vermutlich) dieses in mehrfachen Versuchen darstellen.

F. Rindfleisch, „Portraits", 1985–1994 – Ton, Gips, Bronze, 30 bis 50 cm hoch

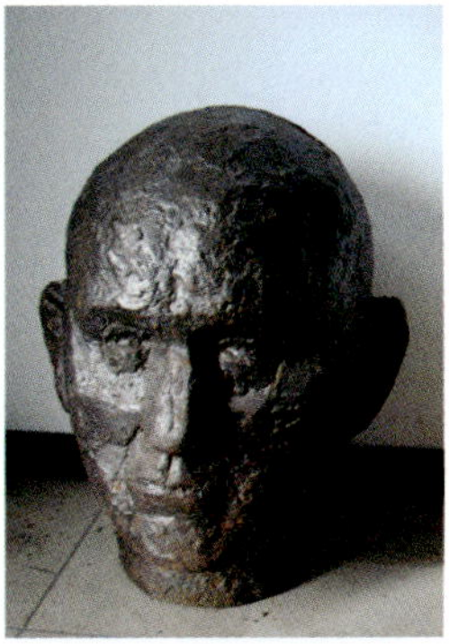

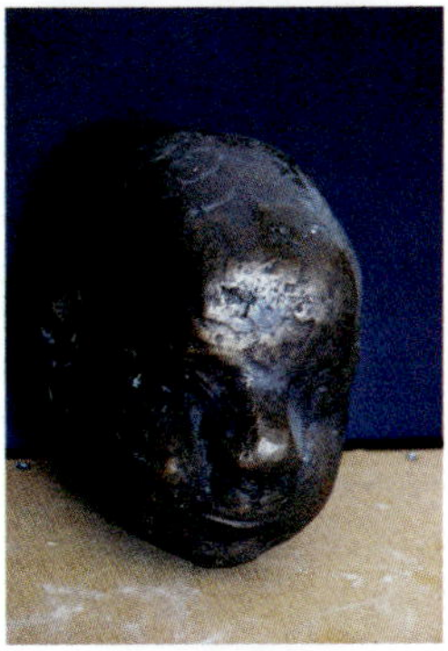

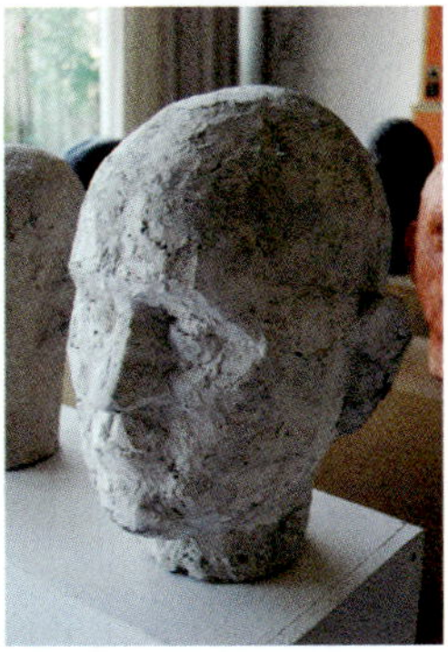

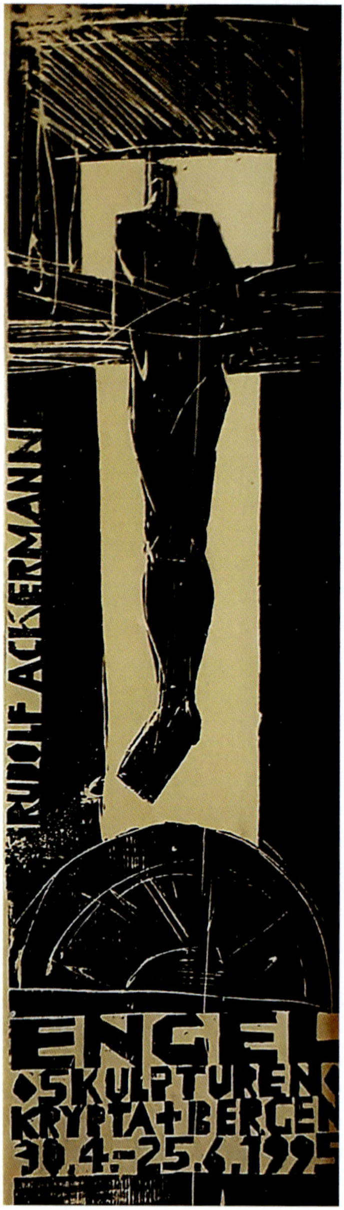

R. Ackermann, „Plakat" für die Ausstellung in Bergen 1995 – Holzschnitt, 93 x 28 cm

Eröffnungsrede zur Ausstellung am 1. März 1999 in St. Lukas in München[7]

Zunächst sind die Objekte, die wir sehen, Skulpturen aus Holz und Blech. Sie stehen im Raum – hier in einer Kirche, die im Jahr 1896 fertiggestellt wurde – ganz im Geiste eines erstarkten Selbstbewusstseins; die Formen vergangener Epochen sollten die Bedeutung von Glaube und Gemeinde für die Gegenwart sichtbar machen. Lukas, der Evangelist des „Retter-Christus“ sollte die menschenfreundliche Seite kirchlichen Lebens und kirchlicher Verkündigung andeuten. In diesem Raum stehen Skulpturen, die theologisch klingende Titel tragen: Engel!

Hammerengel, roter Cherub, freundlicher Engel, Verkündigungsengel, Engel mit Tod, Kalvarien-Engel, Cherub, dazu: Vierzehn-Englein-Haus, Wächter, Flieger, Auferstehender.

Was verstehen wir unter dem Begriff „Engel“? Im Denken heutiger Theologen klingt er eher befremdlich. So fragt sich mancher: Begegnet mir hier eine mythologische Sprechweise? Oder soll hier die Rede von Gott, dem absoluten Geheimnis, mit Bildern inszeniert werden? Oder sind die Engel tatsächlich Geistwesen, die eine andere Wirklichkeitsform beanspruchen, als nur Denkfiguren zu sein?

Hintergrund der Themenwahl

Im säkularen Umfeld hat sich seit ca. 15 Jahren neu ein Interesse an Engeln gezeigt – für uns Theologen zunächst unerklärlich. Was steht da dahinter? Hängt diese Themenwahl vielleicht mit den virtuellen Wirklichkeiten der

7 Die Objekte wurden zuvor schon ausgestellt: vom 30.04. bis 25.06.1995 in Bergen bei Neuburg und vom 13.03. bis 14.04.1996 in Ingolstadt-Friedrichshofen (evangelische Kirche).

Medien zusammen, welche die meisten Zeitgenossen täglich erfahren? Diese Erlebniswelten werden als durchaus real wahrgenommen: Längst verstorbene Schauspieler agieren auf dem Bildschirm; künftig, so hören wir, werden sie mit neu erfundenen Figuren zusammen auftreten können; sie werden als die Vergangenen vor unseren Augen Gegenwart spielen. Was geht da vor sich, dass virtuelle Wirklichkeit für uns als realer Faktor erfahrbar wird? Ist es dieser Erlebnishorizont, der Engel wieder interessant erscheinen lässt? Schauen wir zunächst auf das, was die Theologie über die Engel sagt.

Engel – theologisch: Widerschein vom Licht

In der Bibel kommen Engel vielfach vor. Doch sie werden dort nicht definiert. Es wird so getan, als wüssten die Leser und Leserinnen, was mit „Engel" gemeint ist. So erfahren wir nur: Sie leben im Bereich des jenseitigen Gottes, des Unnahbaren, des Fernen, des faszinierend Furchtbaren, der sich aber als IHWH (Jahwe), als Gott für uns, offenbart. Sie kommen zu uns Menschen von jenem anderen Bereich her. Sie richten eine Botschaft aus oder beschützen einen Menschen oder sind jemandem in anderer Weise behilflich – immer im Auftrag und als Werkzeuge des Ewigen. Menschen erschrecken bis ins Innerste, wenn sie einem Engel begegnen. Sie zittern und sind doch zugleich fasziniert. Meist muss ein Engel seine Anrede einleiten mit dem Satz: „Fürchte dich nicht!"

Engel erscheinen in den Erzählungen unserer Heilsgeschichte dort, wo die göttliche Wirklichkeit in die menschliche einbricht. Plötzlich erfasst sie einen Menschen – für einen Augenblick. Da ist

R. Ackermann, „Engel", 1995 – Buche, Kupferblech, 200 cm

diesem Erwählten, als schaute er in die pralle Sonne. Sofort muss er die Augenlider zusammenpressen. Alles ist grell-hell und wird sofort schwarz – ein lichtdurchmustertes Schwarz. So viel Licht blendet, macht unfähig, etwas anderes zu sehen als die Lichtbänder im eigenen Auge. Die Engel erscheinen wie solche Lichtbänder im puren Schwarz der Blendung. In der Tat: Engel sind – theologisch gesagt – pure Geschöpfe, nichts Göttliches ist an ihnen. Ihr greller Schein ist nur Widerschein, wie die Lichtbänder im geblendeten Auge nur Widerschein des hereingebrochenen Lichtes sind. Diese Engel sind geschaffen wie wir Menschen auch. Aber sie sind so geschaffen, dass sie Zugang haben (das Wie können wir nicht einmal erahnen) zum Bereich des Dahinterstehenden, des Jenseitigen, des Ewigen. Sie sind jener Teil einer geschaffenen Wirklichkeit, der intelligibel ist und die irdischen Kräfte so in sich wirken lässt, dass die aufbauenden Elemente die niederreißenden überflügeln. Vielleicht könnte uns eine Sprachform eine Ahnung von dem geben, was die tradierte Rede von den Engeln meint, wenn wir sagen: Sie sind ein Stück jener undurchschaubaren Zufälle, die dafür verantwortlich zeichnen, dass die Welt noch steht, und die jeden Schuttplatz in ein Feld von Sträuchern und Blumen verwandeln. Die Alten dachten das Wort „Engel", wenn ihnen bewusst wurde: Ich bin beschützt! Und sie dachten weiterhin „Engel", wenn sie erkannten: Der Ewige lässt uns etwas ausrichten! Nicht er selbst spricht mit uns, das könnten wir nicht aushalten; er schickt Geschöpfe, die tiefer schauen und von seiner Größe eine Ahnung vermitteln können.

R. Ackermann, „Engel", 1985 – Bauholz, Kupferblech, Stein, 170 cm

Engel in Holz und Blech

Die Engel von Rudolf Ackermann, so scheint mir, wollen andeuten: Die tiefere Wirklichkeit, die faszinierend und vielleicht auch erschreckend vorkommt, ist im Letzten aufbauend, fördernd, Leben erhaltend. Engel könnte hier eine Chiffre für jenes unsagbare Gefühl sein, das davon überzeugt ist: Die Lebenskräfte unserer Wirklichkeit sind stärker als alle todbringenden Gewalten.

Das *Blech* an den Skulpturen hat einige hundert Jahre die Türme des Domes in Eichstätt bedeckt. Es weist dezent darauf hin, dass die Zusage „du darfst hoffen" über Jahrhunderte hinweg durch die Kirche vermittelt wurde – nach außen hin, in die Gesellschaft hinein, durch die Türme, jene Trutzzeiger, die nach oben weisen und aus deren Schalllöchern wortlos

R. Ackermann, „Engel“, 1995 – Pflaumenbaumholz, Kupferblech, 102 cm

Töne schwingen, dem einen als Musik, dem anderen als Geschepper, dem einen zur Erbauung, dem anderen zum Ärger. Auch wenn heute vielen das auf den Türmen ausgewechselte Blech nur noch als die Abdeckung eines Denkmals erscheinen mag – das alte Blech hat noch Kraft genug, von einer tieferen Wirklichkeit zu künden, gleichsam Engel fliegen zu lassen. Ein wenig von dieser Fähigkeit, zu sprechen, hat dieses Blech noch in sich, haucht es den Holzstelen ein, die nach oben zeigen und ganz schlank sind.

Die Engel von Ackermann verstärken die Botschaft dieses Kirchenraumes. Sie künden wie er – nur eindringlicher und unerbittlicher: Die Wirklichkeit ist nicht banal. Die Übermächte sind nicht harmlos; doch sie verschlingen nicht; sie „stehen“ in unserer Welt. Wir werden ihrer irgendwann und irgendwo gewahr. Werden wir dann begreifen, dass sie als Boten gedeutet werden wollen? Können sie uns dann etwas von dem übermitteln, von dem über Jahrhunderte hinweg das Blech Zeugnis gab?

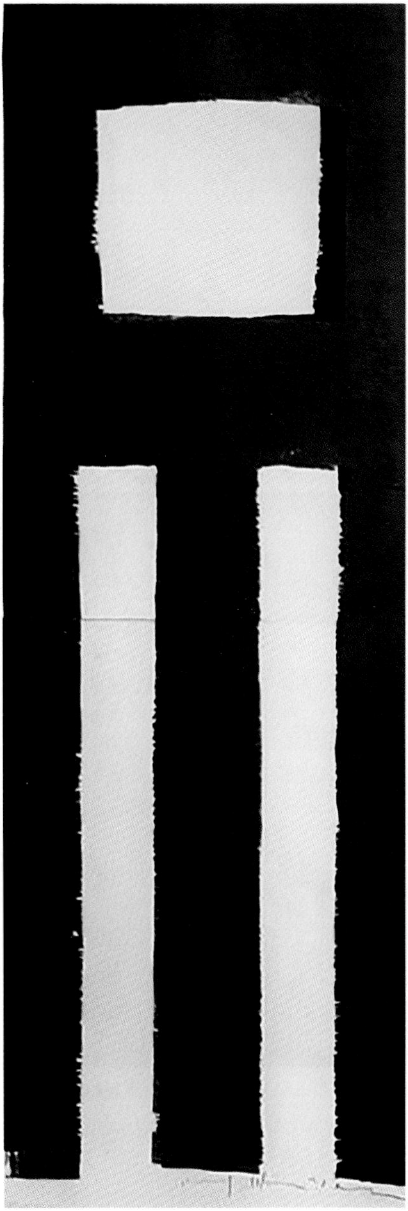

R. Ackermann, „Entwurf zum Plakat“, 1999 – Holzschnitt, 200 x 70 cm

Die Skulpturen von Rudolf Ackermann können wir, so meine ich, zu Recht Engel nennen; denn sie weisen uns auf eine anders geartete „virtuelle Welt" hin; diese zeigt über alles uns Bekannte hinaus und lässt ahnen, dass uns die Wirklichkeit des jenseitigen Gottes kraftvoll nahe ist. Der Verfasser des Psalms 91 drückt dies in klassischer Einfachheit aus: *„Denn er befiehlt seinen Engeln, dich zu behüten auf all deinen Wegen"* (Ps 91,11).

H. Eller, „Bei Schloss Hirschberg in der Nacht", 1989 –
Öl auf Leinwand, 19 x 27 cm

Landschaft – Stillleben – Portrait

Ausstellung von Hermann Eller
vom 19.05. bis 04.06.1995
in Regensburg

Eröffnungsrede zur Ausstellung am 19. Mai 1995

Der Titel dieser Ausstellung gibt – wie mir scheint – nicht nur kund, welche Bilder und Themen im Werk von Hermann Eller vorrangig zu finden sind. Er zeigt noch viel mehr ein Anliegen, das aus vielen, wenn nicht gar allen Bildern Ellers herausspricht: Es ist zu fassen in den drei Begriffen „Landschaft – Stillleben – Porträt“. Was ist dieses Anliegen? Und wie zeigt es sich? Lassen Sie mich den Versuch unternehmen, die Sache aus den drei Bildgattungen heraus zu skizzieren.

Landschaft

Hermann Ellers Landschaften versetzen einen Beschauer in eine Stimmung – nicht wie die romantischen Landschaften, die Ruhe oder Aufgewühltheit, Harmonie oder Disharmonie vermitteln wollten. Ellers Landschaften halten einen Augenblick eines Vorganges fest – aber nicht fotografisch, sondern wesenhaft. Das Wesentliche des Vorganges von Wind oder Sonne, Nebel oder Dunkel wird festgehalten. Für den Beschauer beginnt es zu leben, obwohl es steht. Es läuft nicht, es schläft nicht, es mimt nicht; es steht und geht zugleich, es schläft und ist wach zugleich, es mimt und verschließt sich zugleich. Geballtes Leben steckt in den Landschaften, gebündeltes Leben, gezähmtes Leben! Der Hauch eines Grundgefühls, das zum Düsteren, Dunklen, Depressiv-Schweren hinweist, nimmt den Bildern jede Harmlosigkeit. Die Landschaften führen zu großem Ernst. Das Leben ist kein Spiel. Die Landschaft ist nicht geschönter Rahmen. Sie ist Lebensraum, sie ist „Ich“. Die Landschaft, das bin ich. Das bin ich jetzt – nicht gestern, nicht morgen, jetzt! Das scheint mir das Anliegen Ellers zu sein: die Ernsthaftigkeit des „Jetzt“. Damit komme ich zum zweiten Stichwort des Titels: Stillleben.

Stillleben

Der Begriff stammt aus dem Niederländischen „stilleven" und ist – nach meinen Kenntnissen – zu Anfang des 18. Jahrhunderts erstmals gebraucht worden von Nicola van Houbraken (1668–1724). Er bedeutet vom Ursprung her: „stilles Leben" oder „Leben ohne Bewegung". Die Franzosen sprechen von „nature morte", also lebloser, toter Natur. Im Fresko der Römerzeit kennt man bereits Ansätze des Stilllebens. Das 15. Jahrhundert benützte es als intime Zutat – auch bei religiösen Bildern. Ab dem 16. Jahrhundert wurde es zu einer eigenen Bildgattung. Im 17. Jahrhundert kam es dann zu Spezialisierungen der Stillleben. Da kennen wir etwa das „Vanitas-Stillleben" oder das „Gelehrten-Stillleben" oder das „Blumen-Stillleben" oder das Tier-Stillleben oder das „Frühstück-Stillleben" oder das „Musik-Stillleben" u. a. Die Dinge liegen da, entweder wie abgelegt oder wie vergessen oder wie komponiert oder wie zufällig herumliegend. Sie bleiben sie selbst. Aber sie erzählen von Vorgängen um sie herum oder mit ihnen.

So sehen wir ein Bild in der Ausstellung: Ein Fischkopf mit dem abgefieselten Grätenleib auf dem Brotzeitteller, dem danebenliegenden Brotrest und dem Messer erzählt etwas vom alltäglichen Leben. Doch die Dinge lassen das Gewöhnliche nicht im Banalen. Sie sprechen davon: Es ist der Tod eines Wesens, der ein anderes, höheres, wohlig den Nachmittag genießen lässt. Der Abfall wird zum Einfall, er zeigt die abgründige Wirklichkeit.

Oder die einsame Blume in einer auf dem Tisch stehenden Vase, neben der ein goldenes Anhängekreuzlein liegt, lässt ahnen: Vergänglich wie jede Vasenblume ist auch das menschliche Verzieren, zumal dann, wenn es sich wie ein zum Dekor gewandelter Schmuck nicht mehr der lebensprägenden Kraft seines Inhalts bewusst wird. Die toten Dinge sprechen,

H. Eller, „Blume mit Kreuz", 1988 – Öl auf Leinwand, 19 x 13 cm

H. Eller, „Frau M. B.“, 1987 – Öl auf Leinwand, 80 x 52 cm

weisen hin und verstummen zugleich wieder. Sie weisen hin, drängen sich aber nicht auf; sie zwingen nicht. Aber sie sind da und warten darauf, dass ein Beschauer ihr stummes Reden wahrnimmt. Er muss dem Bild keine Antwort geben, nur sich selbst muss er antworten. Die Dinge im Bild bleiben stumme Zeugen. Das ist die Gattung Stillleben. Hier wird nicht gepredigt, hier wird auch nicht wechselseitig korrespondiert, hier wird einfach gezeigt. Und darin liegt das Anliegen, es ist das gleiche, wie wir es bei den Landschaften gesehen haben: Der Ernst des „Jetzt“ wird vorgeführt. Nichts wird aufgedrängt, nichts quillt aus dem Rahmen heraus, die Dinge bleiben im Rahmen, sie sprechen im Rahmen; sie sprechen wie in der „Scheol“ – mahnend, aber nicht korrespondierend. Sie sprechen einfach, leise, dezent, ernst. So ist es auch mit dem dritten Stichwort des Titels: Porträt.

Porträt

Die dargestellten Personen sind einfach da, und sie sind ernst. Sie handeln nicht, sie sind zur Ruhe gekommen – sie stehen wie außerhalb der Zeit. (Zum Begriff „Porträt“ siehe oben: Köpfe von Franz Rindfleisch, Seiten 26, 28–29). Ein Porträt zieht etwas hervor, bringt etwas ans Licht. Doch was ist das? Was ist sein Anliegen?

Hermann Eller hat viele Menschen porträtiert, sehr unterschiedliche Menschen. Sie schauen uns auch ganz unterschiedlich an. Und dennoch meine ich, in allen Porträts etwas Gemeinsames zu sehen. Es ist das gleiche Anliegen, das auch die Landschaften und die Stillleben haben. Sind die Gesichter

Landschaften, stille Lebens-Szenarien? Ich meine: Ja! In den Porträts wird die Ernsthaftigkeit des „Jetzt" festgehalten. Nicht eines zufälligen „Jetzt", wie das oftmals in Fotografien vorkommt, sondern ein wesenhaftes „Jetzt". In den Porträts wird hervorgeholt, was in einer Person steckt, und zwar jetzt. Doch wie in einer einzigen Zelle eines Körpers alle Informationen eines Wesens in der Anlage präsent sind, so ist in dem hervorgeholten „Jetzt" die ganze Person gegenwärtig – wie bei den Landschaften und Stillleben –, ohne Aktion, ohne den Willen zur Kommunikation. Sie ist gegenwärtig mit dem ganzen Ernst ihres Daseins. Das zeichnet sie aus, die Porträts von Hermann Eller. So sehe zumindest ich sie.

Und damit ist klar: Die drei Begriffe sind verwandt. Die Landschaften, die Stillleben und die Porträts wollen alle ein Anliegen darstellen: die Ernsthaftigkeit des „Jetzt".

A. Grzimek „Schneeacker", 1990 – Gouache auf Karton, 50 x 65 cm

Landschaft – Jurahäuser – Steinbrüche – Stelen

Ausstellung von Anne Grzimek, Gustl Haller und Rupert Fieger
vom 15.09. bis 30.09.1995
in der Johanneskirche in Eichstätt

Eröffnungsrede am 15. September 1995

Vier Stichworte bilden die Überschrift unserer Ausstellung. Vier Themen sind damit angesprochen. Das im vorausgehenden Kapitel schon besprochene Thema „Landschaft", dazu die drei weiteren Themen „Jurahäuser", „Steinbrüche" und „Stelen". Fragen wir uns: Welche Botschaften wollen die Künstlerin und die zwei Künstler uns vermitteln?

Landschaft

Seit der Antike kennen wir Bilder mit Landschaften. Dabei waren Landschaften meist Hintergrund einer Szene. Im Mittelalter interessierte ein solches Umfeld nicht mehr; denn die Malerei wollte nur noch wiedergeben, was das „Wessen" (Wesen) einer Figur oder einer Szene sei. Ab der Renaissance wusste man jedoch neu: Alles hat ein Umfeld, und dieses Umfeld trägt zur Charakterisierung des Darstellungskernes bei. So war die Natur als ganze wieder interessant. In ihr aber stellte der Mensch den Höhepunkt dar. So begann man den Menschen in seine Natur zu stellen, und das bedeutet: in eine Landschaft oder in einen von ihm verwandelten Raum.

Unterschiedlich wichtig wurde dieses Umfeld – bis dahin, dass es irgendwann selbst zum Inhalt geworden ist. In ihm konnte man dann z. B. in einer Ideallandschaft die Harmonie von Natur und Kultur inszenieren; oder es ließen sich Seelenvorgänge in eine Landschaft projizieren, die Unsagbares in Chiffren hineinkombinierten; oder man konnte auch – wie es später der Impressionismus ausweitete – die Landschaft als Ort des Spiels von Farbe und Licht verstehen; oder eine Landschaft wurde zu einem Raum, der Seelenzustände expressiv und frei gestaltete. Die Landschaft wurde bei alldem zum Medium, gleichsam zu einer Sprachgestalt für einen Inhalt, der den Menschen selbst betrifft. Hintergrund, Mittelgrund und Vordergrund werden zu Aussagezeilen. Licht und Schatten sind Mittel. Perspektive biegt

A. Grzimek, „Insellandschaft" auf Bornholm, 1977 – Öl auf Leinwand, 30 x 40 cm

dabei die Fläche in die Illusion des Raumes. Fläche wird zum Raum. Natur wird zur Anschauung, die sowohl die Zustände des Malers als auch die Gefühle der Betrachter ausdrückt und einprägt.

Anne Grzimeks Landschaften versetzen einen Beschauer nicht, wie die romantischen Landschaften, in eine Stimmung. Sie führen ihn vielmehr in einen Innenbereich. Grzimeks Landschaften sind, so kommt es mir vor, die Frucht von der Mühe im Atelier, sie sind durchdacht, durchkonstruiert. Sie vermitteln einen Hauch intellektueller Ordnung. Nicht den Augenblick eines Vorganges halten sie fest, sondern das erkennbar Wesentliche von Wind oder Sonne, Nebel oder Dunkel. Farbe und Form spiegeln einen Seelenraum, in welchem in variablen Zeitfolgen Gedanken schweben. Wer viel denkt, muss viel tasten, und das „trial and error" (Versuch und Irrtum) führt ihn zu immer neuen Varianten von Antworten. Tastendes Leben steckt in den Landschaften. Die Farben geben dem Ganzen aber ein Grundgefühl, das wenigstens einen

Hauch von Harmonie spüren lässt. So entstehen vor uns Seelenräume, die je neu sagen: „Diese Landschaft, das bin ich, und zwar nicht gestern oder morgen, sondern jetzt."

Damit komme ich zu zwei weiteren Stichworten der Ausstellung: „Jurahaus" und „Steinbruch".

Jurahäuser

Jurahäuser sind Bauten besonderer Art. Sie passen sich originell in die Landschaft ein und geben ihr ein sonderliches Gepräge. Sie gehören einer vorindustriellen Lebensform an. Über sie ist die Moderne hinweggewalzt. Doch gibt es zwischenzeitlich Leute, die an dieser Moderne zweifeln – vornehmlich an jener stupiden Architektur, die sie auf dem Land hervorgebracht hat im deutschen „Einheitshaus". Diesen Leuten geben die Jurahäuser ein Symbol von Besonderheit und Heimat. Die Schönheit dieser Häuser haben sie neu entdeckt, und zwar bei Gustl Haller. Der Einarmige,

G. Haller, „Jurahaus", 1994 –
Öl auf Leinwand, 50 x 80 cm

zeichnet Jurahäuser in dieser Stunde der Geschichte und in ihrem heutigen historischen Zustand, nämlich im Zerfall. Sie sind nicht einmal mehr potentielle Steinbrüche; denn ihre Steine braucht man nicht für einen neuen Bau, sondern sie kommen auf die Müllhalde. Verdammt zur Müllhalde! Einfach nicht mehr gemocht, als unpraktisch, unschön, unbrauchbar erklärt. Gerümpel einer vergangenen Welt, Gerümpel in der Landschaft! Das ist die Symbolik der sterbenden Jurahäuser, wie Müll werden sie behandelt. Wie Müll fühlt sich auch mancher Mensch behandelt. Er passt eigentlich gar nicht mehr in die Zeit. Er ist unpraktisch, ein Mitesser, letztlich Ballast. Die Soziallasten vermehrt er, zum Bruttosozialprodukt steuert er nichts mehr bei. Und dann wird auch das Gedenken an ihn entsprechend gestaltet. Nur noch private kleingärtnerische und geschmäcklerische Monumentalblöcke zieren die Friedhöfe, Kümmerstätten von Menschenmüll. Eichstätt ist – es sei gelobt – weithin eine Ausnahme. Das Sterben ist ein Problem der Entsorgung geworden. Dafür ist das „Jurahaus“ von Gustl Haller ein Symbol.

G. Haller, „Steinbruch“, 1991 – Federzeichnung, 46 x 58 cm

Steinbrüche

Und auch der Steinbruch kann in diese Richtung zeigen. In Jahrmillionen ist der Felsengrund Zentimeter für Zentimeter hochgewachsen. Nun wird er gebrochen – zum Hausbau verwandt, in Kultur umgewandelt. Die Wunden des Felsenbodens legen seine Geschichte offen, geben die Schmerzen preis, die schon beim Entstehen des Felsens verursacht worden waren. Aber inmitten dieser Naturruinen wachsen unbekannte, ganz seltene Pflanzen. Sie zeigen dem, der zu schauen gelernt hat: Das Leben ist stärker als der Tod. Das Leben sprießt auch auf dem Abraum. Und dieses Leben birgt einen neuen, bislang unbekannten Reiz des Daseins. Gustl Hallers Steinbrüche zeigen in ihrer Linienführung eine Abstraktion, die in den Details von der verwundeten und zugleich neubelebten Wirklichkeit spricht – allgemeingültig und damit ins Weite führend. Der Wechsel von Hell und Dunkel deutet die alte, zum Wegwerfen bestimmte Welt des Menschen an und gibt ihr dennoch eine Hoffnung.

G. Haller, „Hackstockmeister", 1989 – Federzeichnung, 40 x 30 cm

R. Fieger, „Crucifixus etiam pro nobis", 2018 – Kalkstein, 150 x 45 x 25 cm

R. Fieger, „Gestorben auf dem Weg ins Leben, geborgen in unserer Liebe" (Denkmal für die sog. Sternekinder auf dem Friedhof in Hilpoltstein), 2018 – Jura-Kalkstein, 230 x 20 x 35 cm

Steinmale

Die Steinmale von Rupert Fieger knüpfen an eine uralte Tradition. Stelen gibt es seit urdenklichen Zeiten als Erinnerungszeichen. Meist kündeten sie von einem außergewöhnlichen Ereignis, oftmals von einem Sieg; sie konnten auch zu einem Grab gehören oder waren Weihegeschenke. Gelegentlich dienten sie aber auch nur als Träger für eine Inschrift, welche verbal den Grund für ein Erinnern kundgab. Eine Stele steht an einem wichtigen Platz, zeigt nach oben und veranlasst den gegenwärtigen Betrachter, Vergangenes zu bedenken und es in eine Zukunft weiterzutragen.

Rupert Fiegers Stelen verweisen nicht in die Geschichte, sie bringen unterschiedliche Materialien zusammen – kraftgeballte und zerfallende, harte und weiche. Sie binden diese in eine Form bzw. Gegenform. Diese wollen zeigen: Bei aller Gefährdung gibt es eine Bewahrung. Bei aller Zerbrechlichkeit sind wir aufgehoben.

Unterschiedlich sind die Materialien, die Techniken und die Ausdrucksformen der Künstlerin und der zwei Künstler. Unterschiedlich sind auch die Stimmungen, die hinter ihren Bildern durchschimmern. Dennoch ist ihnen, wie ich meine, etwas gemeinsam: Sie wollen – bei allem Aufzeigen der Brüchigkeit – einen Funken Hoffnung verbreiten.

R. Fieger, „No Limit“ (Limesdenkmal in Petersbuch), 2018 – Jura-Kalkstein, 300 x 30 x 65 cm

A. Steinacker, „Lichtzeichen", 1995 –
Öl auf Leinwand, 200 x 250 cm

LICHTZEICHEN

Ausstellung von Annette Steinacker
vom 11.11. bis 26.11.1995
in der Kapuzinerkirche in Wemding

Eröffnungsrede zur Ausstellung am 11. November 1995[8]

Je baufälliger theologische Begriffsgebäude geworden sind und je mehr historischer Mörtel von ihnen abfällt, umso bereitwilliger suchen Theologen Kontakt mit den Künstlern; denn diese gestalten aus Erleben und Reflexion heraus Wirklichkeiten ursprünglich und neu. Dabei zeigen sich oftmals Hinweise auf tiefere Zusammenhänge, Lichtzeichen für größere Bereiche. Diese aber sind seit jeher Themen der Theologie. Die jenseitigen Offenbarungen können sich im Diesseitigen nicht anders kundgeben als durch sichtbare, hörbare, riechbare, schmeckbare, betastbare Zeichen oder in Inszenierungen. So brauchen die Offenbarungen ästhetische, d. h. sinnlich erfassbare Formen. Diese aber haben jeweils ihre Zeit. Sie verbrauchen sich, werden irgendwann nicht mehr verstanden. Dichter, Maler, Bildhauer und andere Künstler suchen die Wirklichkeiten wieder ursprünglich zu entdecken und zu gestalten. Sie verstehen, aus den Sprachfetzen oder den Materialien Verdichtungen zu konstruieren, welche tiefere Dimensionen freilegen.

Heute eröffnen wir eine Ausstellung in den Räumen eines aufgelassenen Kapuzinerklosters. Künftig werden hier Schwestern vom Karmel einziehen. Diese Ausstellung markiert, wenn ich so sagen darf, den Übergang. Da ist es angebracht, einen Gedanken aus der Karmeltradition in den Raum zu stellen, der für den Karmel noch prägend ist und auch für die frühe Spiritualität der Kapuziner prägend war. Zugleich bestrahlt er die Objekte dieser Ausstellung. Ich nenne den Gedanken: „Fülle in der Leere".

8 Teile dieser Rede wurden am 31. Oktober 1995 in Eichstätt vorgetragen bei der Eröffnung der Ausstellung von Ernst Arnold Bauer mit dem Titel „ Aufstieg zum Berg Karmel".

Eine Weg-Lehre

Der große Reformator der Karmeliten im 16. Jahrhundert, Johannes vom Kreuz, beschreibt diesen Gedanken vornehmlich in seinem Erstlingswerk, das den Titel trägt: „Aufstieg zum Berge Karmel". Johannes war mystisch begabt. Das bedeutet: Er konnte die Tiefen der Wirklichkeit von innen her betasten und sie in Wort-Bildern neu fassen. Sein zusätzliches Charisma war es, das, was ihm beim Studium der Philosophie und Theologie begrifflich vorgelegt worden war, mit seinen mystischen Erfahrungen zusammenzubringen und in neuer Bildsprache auszudrücken. So formte er eine *Wegelehre* für Menschen, die ihr Leben um die Fülle der tiefen Erkenntnisse bereichern wollten. Er beschrieb dabei die Stationen des Aufstiegs, benannte Umwege und kennzeichnete Sackgassen. Der Titel seiner Erstlingsschrift ist eine schriftstellerische Verfremdung. Wir müssen uns seinen Kern kurz bewusst machen, ehe wir vom Inhalt sprechen können. Was ist mit Karmel hier gemeint?

Karmel – Ort der Meditation und Opposition

Der Karmel ist ein Gebirgszug in Palästina, der – auf der Höhe des Sees von Genezareth – direkt am Mittelmeer aufsteigt und sich 23 Kilometer nach Südosten erstreckt, zwischen fünf bis acht Kilometer breit. Zwei Ebenen begrenzen ihn, so dass der ganze Gebirgszug hoch herausragt, obwohl die höchste Erhebung nur 551 Meter misst. Ursprünglich bedeutet der Name „Baumgarten". Dieser Name zeugt von der Fruchtbarkeit des Gebirges. Diese rührt vom regelmäßigen Tau-Fall her. Kein Tal durchzieht die gesamte Kette, so dass die Straßen außen herumführen und jeder Weg an einem Berghang endet. Im weichen Kalkboden bilden sich viele Schluchten und Höhlen. Diese sind die Voraussetzung dafür, dass sich hier seit urdenklichen Zeiten Menschen zurückzogen, entweder, weil sie sich hier vor jemandem versteckten, oder, weil sie sich zurückzogen, um in besonderer Weise die tieferen Wirklichkeiten zu suchen. Hier fanden sie die ungestörte Einsamkeit. Eine einfache Nahrung wuchs vor der Höhle, und eine faszinierende Natur vermittelte ihnen Fülle und Kargheit zugleich. Schon aus der Altsteinzeit lassen sich Spuren menschlichen Lebens nachweisen. Ein ägyptischer Pharao des 14. vorchristlichen Jahrhunderts, *Thutmosis III.*, nannte den Gebirgszug gar das „heilige Kap des Karmel", was beweist: Dieser Ort war schon ganz früh religiös geprägt. Nach jüdisch-christlicher Tradition ist der Karmel Ausgang eines ganz bestimmten Phänomens der Religion: Hier tritt zum ersten Mal das Prophetentum auf. Elija hat die Priester besiegt, welche ein ursprüngliches Höhenheiligtum im Karmelgebirge für den einzigen Gott in einen Baals-Kult umwandelten. Dieser Baal war nicht jenseitig. Er war das Überragende und Übersteigende in dem, was wir heute mit den Begriffen Natur und Gesellschaft bezeichnen. Baal versprach: „Überlass dich der Natur, binde dich ein in die Gesellschaft, dann wirst du leben." Baal war ein Gott nach dem Gusto zivilisierter Menschen, nicht jenseitig, sondern die in der Natur und im Menschen steckende Urkraft, letztlich innerirdisch, also eine weltgleiche Gottheit. Baal war überschwänglich fleißig und fruchtbar, und er kehrte auch wieder zurück in die Winterruhe. Baal forderte nichts Außergewöhnliches, nichts Unnatürliches, er ließ leben; er ließ jeden so leben, wie er gerne leben wollte, und er schenkte den Genuss der Sinne. Baal war – religiös überhöht – eine Lebensanschauung, die bedeutet: leben, genießen, kaufen, in allem die genüssliche Fülle suchen, die Gesetze des Nützlichen gelten lassen und dann, wenn nichts mehr geht, sich in winterliche Ruhe verstecken, verduften, nichts mehr wissen, weg sein. Elija widersprach. Er zeigte: Ein solcher Glaube ist tödlich. Er bleibt im Bekannten und führt den Menschen nicht über sich hinaus. Auf dem Karmel setzte dann Elija den Altar des Jahwe wieder auf. Er bekundete: Das Leben schafft sich nicht aus sich heraus, es hat die Quelle jenseits unserer Kraft. Gott ist nicht unseresgleichen. Und das hat zur Folge: Leben wird nur zur Fülle kommen, wenn es verbunden bleibt mit seiner Quelle. Elija sammelte auf dem Karmel seine Schüler, Männer der Opposition. Er stand total gegen Isebel, die verführende Königin und Exponentin des Baal-Kultes. Auch Elischa, der direkte prophetische Nachfolger Elijas und Opponent, wirkte hier. Der Karmel war also zunächst ein *Ort der Meditation*, und dann ein *Ort der Opposition* zu allem, was so plausibel daherkommt und die Welt des Bekannten zur totalen Wirklichkeit erklärt.

Diese Tradition nahmen im 3. christlichen Jahrhundert Männer und auch Frauen wieder auf, die sich zurückzogen aus dem Lärm der Städte und des umtriebigen Lebens. Sie bildeten Kolonien von Einsiedlern. Sie lebten aszetisch einfach und suchten – permanent betend – in allen Dingen die Spuren des Ewigen, suchten nach Lichtzeichen für den Weg nach oben. Aus dieser Tradition heraus entwickelte sich – mit Blick auf Elija und seine Schule – im 11. Jahrhundert die Ordensgemeinschaft der Karmeliten. Später hat sie sich auf viele Orte der christlichen Welt ausgedehnt.

Die Reform – ein Lichtzeichen

Im Jahrhundert der großen religiösen Reformen, dem 16. Jahrhundert, suchten Karmeliten wieder die ursprüngliche Idee ihres Ordens zu verwirklichen. Johannes vom Kreuz (1542–1591) war einer dieser radikalen Reformer. Zusammen mit der großen Theresa von Avila (1515–1582) hat er eine Schule des geistlichen Lebens entwickelt – als Opposition zu dem, was sich als Praxis bewährt zu haben schien. Das war für ihn gefährlich. Seine Gegner suchten ihn als geistlichen Brunnenvergifter zu verleumden. Er wurde kriminalisiert und musste einige Zeit im Kerker schmachten. Ein Kerker war damals ein Keller, ein stockfinsteres Loch. Bis an die Grenzen der Existenz reichten die Qualen. Doch sie machten ihn nicht mürbe, im Gegenteil: Gerade diese Erfahrungen ließen in ihm Bilder entstehen, die deutlicher als alles zuvor Gesagte den Weg eines geistlichen Lebens beschreiben. Die dunkle Nacht, die Traurigkeit, die Hoffnungslosigkeit und die Niedergeschlagenheit seiner Seele – sie ließen in ihm die Erkenntnis reifen: Im Dunkel bleibt die Sehnsucht nach Licht. Diese Sehnsucht nach Licht ist intensiver als die Erfahrung des Lichtes. Sie überstrahlt jedes Licht, das mit den Sinnen erfassbar ist, um ein Vielfaches. Ja, wer die Helle des Lichts erahnen will, muss sie im Dunkeln ersehnen; wer die innere Fülle der Wirklichkeit erkennen will, muss zuvor ihre Leere erfahren haben. Johannes vom Kreuz beginnt, die geistlichen Erkenntnisse in paradoxen Begriffen zu benennen. „Nada“ und „Todo“ werden ihm dabei die zentralen Formeln, um die sich alles rankt. „Nada“, das heißt „nichts“, und „Todo“, das heißt „alles“! Was will er damit sagen?

Vom begehrlichen Blick zum Blick der Fülle

Vieles von dem, was uns umgibt und was unsere Seele begehrt, bringt uns nicht weiter, ja führt uns in ein fruchtloses „Nichts“. Doch das ist nicht deshalb so, weil die Dinge selbst todbringend wären. Das können sie nicht sein, denn sie sind als gut erschaffen. Vielmehr werden sie erst todbringend, weil wir sie mit einem „nichtigen Blick“ begehren. Etwas einfach besitzen zu wollen, etwas einfach genießen zu wollen, etwas einfach bearbeiten zu wollen dient einem Ziel, das im Letzten keine Weite kennt. Der „begehrende Blick“ bleibt mit all seinem Sehnen bei den Dingen, die sich letztendlich als banal erweisen. Dieses Sehnen bleibt beim allzu Bekannten, greift nicht über dieses hinaus. So werden die Dinge nicht zum Hinweis auf Größeres, zu dem hin alles Begehren gehen soll. Sie sind keine Lichtzeichen, sondern funktionale

A. Steinacker, „Lichtzeichen", 1995 –
Öl auf Leinwand, 200 x 250 cm

Scheinwerfer. Der nichtige Blick, das bloße Begehren führt zur „Nada", aber zu einer „Nada", die nicht die Voraussetzung für das „Todo" werden kann. Wie bei einem Holzhändler, der nur auf Gewinn schaut, das Sprechen von den Bäumen nicht über „Festmeter" und „Verdienst" hinausreichen mag, weil sein Begehren vom Gewinn gesteuert ist, so werden einem begehrlichen Menschen die Dinge nicht zu Verweisern. Der Dichter hingegen sieht in den Bäumen andere Qualitäten. Ihm werden sie zu Chiffren für Wirklichkeiten, die ihn als Ganzen betreffen und sein Leben verändern. Will ein Mensch die Fülle des Lebens in großer Perspektive finden, muss er sein Begehren ändern. Der „nichtige Blick" muss sich zum „Allesblick" verändern. Im Aufstieg zum Berge Karmel geht es dem Johannes vom Kreuz darum, dass der Mensch eins werde mit dem Grund des Alls und so die Fülle des Lebens erfahre – nicht erst zukünftig, sondern schon gegenwärtig. Es ist möglich, weil ihm auch von dorther Gnade entgegenkommt. Die Fülle kann er dann nicht nur an den vollen Tafeln spüren, sondern auch in der Nacht des Kerkers, in der Nacht der Sinne und in der Nacht des Geistes.

Indem ein Mensch also vom sinnlichen Begehren ablässt, besitzt er die Dinge wie in der Nacht und kann durch die Sehnsucht nach dem, wofür die Dinge Hinweise sein können, die größere Wirklichkeit erfassen und ihr in seinem Inneren Raum geben. Die Dinge werden ihm nicht Hindernis für die tiefere Schau. Sie werden zu Parabeln und Bildern für die Tiefen des Daseins. Ein so seine Seelenkräfte einsetzender Mensch ist wie ein Dichter. Ihm werden die Begriffe und Bilder zu Materialien für das Zusammenstellen dichter Wirklichkeiten.

Anleitung zur Kunst der tiefen Schau, das will das Buch des Johannes vom Kreuz vom „Aufstieg zum Berge Karmel“ sein. Dass heute diese alte Literatur wieder in den Blick genommen wird, und das nicht nur von Literaturgeschichtlern, sondern von Künstlern, Philosophen und Theologen, ist mir ein Zeichen dafür, dass ein breites Suchen nach neuen Perspektiven eingesetzt hat. Wer aber wirklich Neues finden will, muss das Alte gründlich studieren.

Wir erleben hier im alten Kloster sensible Bilder, die Lichtzeichen sein wollen und uns einladen, die tiefere Wirklichkeit zu suchen.

Bilder schreiben – Texte zeichnen

Ausstellung von Otto Heigold
vom 03.07. bis 30.10.2001
in der Staats- und Seminarbibliothek in Eichstätt

Eröffnungsrede zur Ausstellung am 3. Juli 2001

Die Vieldeutigkeit des Eindeutigen

Bilder geben vor, eindeutig zu sein. Sie zeigen auf einer Fläche von Papier, Leinwand, Holz oder Putz, was einer Blume, einem Baum, einem Haus, einem Menschen oder einem anderen Objekt im Raume gleicht. Die Ähnlichkeit von Bild und Objekt deutet ein Thema an, welches das Bild bearbeiten und einem Beschauer vermitteln will. Ist die Ähnlichkeit nicht als Thema erkennbar oder sind die Kompositionen verfremdet angeordnet, dann benennt ein Titel die Bedeutung des Gezeichneten – also ein geschriebenes Wort. Bild und Text greifen so ineinander, um eine Botschaft eindeutig erscheinen zu lassen. Doch die Eindeutigkeit von Bild und Text ist nur vordergründig gegeben; denn ein Bild kennt viele Merkmale, welche ein Beschauer in ganz anderer Weise in sich einordnen kann, als der Autor dies verstanden wissen will. Es ist also vieldeutig in seiner möglichen Rezeption. Dies kann auch vom Text gelten. Auch ein Text kann mehrschichtig sein. Dem Einfältigen freilich vermitteln Bild und Text nur eine eindeutige Botschaft; die scheint überschaubar, ordentlich und planbar. Dem Weitblickenden und Suchenden aber eröffnen Bild und Text vielfältige Wirklichkeiten, welche in tiefe Schichten der Seele greifen und dort einen Menschen berühren.

Otto Heigolds Lithographien und Zeichnungen gehen dieser spannungsreichen Ambivalenz nach. Sie variieren ein Thema, sie binden es in eine Geschichte ein oder reduzieren es zugleich in sich ändernde Grundformen. Daneben erinnern die Umstände, in die hinein das Bild geschaffen wurde, oder die Materialien, in denen es sich präsentiert, an ganz andere Zusammenhänge: Ein Schulheft dient als Bildträger; es ist durchzublättern, um in den Variationen die Vielfalt ein und desselben Themas zu spüren. Schüler nicht mehr und doch ewig lernend sieht der Blätternde die Objekte und beginnt sie zu lesen. Auf Stein hingeworfen und doch weich und farbig präsentieren sich Bilder nicht nur durch den Titel, sondern durch ihre Entstehung auf Steingrund und ihre Form als verdichtete Wahrheit. Eindeutig das Thema, doch vielfältig die Schaffens-Wirklichkeit! So kommt in den gezeigten Bildern zutage, was der Titel dieser Ausstellung angibt: Schreibe und Zeichnung sind so miteinander verwandt, dass gelten kann: Bilder schreiben, Texte zeichnen.

Diese Aussage deutet einen weiteren Bereich der Thematik an. Otto Heigolds Kunst lässt den Theologen die Grundfrage nach der bildlichen Sprache stellen, die hinzeigt auf den Bildlosen.

Die Entscheidung gegen die Bilder

Spannungsreich und ambivalent ist das Verhältnis von Bild und Wort in der Religion gestaltet. „Du darfst dir kein Bild machen von Gott!", so heißt es im Dekalog des Alten Testamentes (vgl. Deut 5,8; Ex 20,4). Und die Geschichte dieser Forderung kennt eine immer engere Auslegung – durch die Umstände erzwungen. Zunächst sollte dieses Verbot garantieren, dass das Volk Israel seine religiöse Identität behielt im Umfeld von bildstrotzenden Heidenkulturen. Ein Kult ohne Bild sollte Israels Gottesdienst sein! Doch waren dabei durchaus noch Symbole gestattet wie eine eherne Schlange oder ein goldener Stier. Letzterer wurde verstanden als Thron für den unsichtbar anwesenden Gott. Doch im Laufe der Zeit und durch die Gewöhnung wurde dieses Symbol zum missdeutbaren Zeichen, das unter der Hand seine Botschaft änderte. Die Propheten merkten dies. Sie spürten: Das Symbol ist den Menschen nicht mehr Hinweis-Zeichen, sondern ein selbstsprechendes Gott-Objekt geworden. Die Thronfigur des Stieres als Symbol für den unsichtbar Anwesenden wurde zum Selbstläufer. Das Volk feiert sich nur noch selbst und seine Wünsche. Sein Gott ist nur noch die übersteigerte Inszenierung der eigenen Potenz und Möglichkeit. Ein Autor verspottet deshalb das Symbol als „goldenes Kalb"! Es signalisiert den Abfall vom Glauben an den Einzigartigen und Einen. Andere Propheten wettern deshalb gegen die materiellen Zeichen und Bilder, benützen aber in ihrer Rede vermehrt Sprachbilder. Verschärft kommt dann das Bildverbot im Zusammenhang mit dem Exil nochmals in den Blick, als nichts mehr geblieben war außer den Buchrollen mit den Gottesworten. Jetzt war da nur noch der Text greifbar; er konnte zeichnen durch seine Sprachbilder. Diese aber zeigten bei aller Eindeutigkeit allemal wieder ihre Vielfalt an,

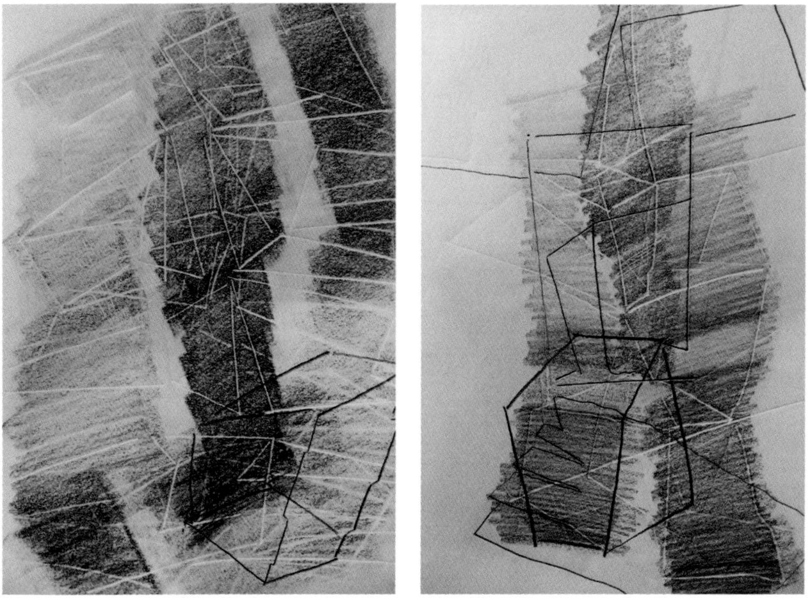

O. Heigold, „JURASCHICHTEN", 2001 – 2 Zeichnungen, 27,7 x 21 cm

indem ein Bild durch ein anderes ergänzt oder ausradiert, verändert oder neu gewichtet wurde.

Nun war klar: Du darfst dir kein Bild machen von deinem Gott. Aber du darfst die Worte deines Gottes in eine Bildsprache kleiden. Auch darfst du die Weisungen deines Gottes in Stein meißeln oder ritzen, wie dies betont wird bei den alten Erzählungen von Mose und dem Gottesgesetz. Als aber das Volk sich vom Gottesweg abgewandt hatte, vernichtete Mose das in Stein Geschriebene. Denn es hätte das Volk vernichtet, das so ganz anders glaubte und sich so ganz anders verhielt, als es auf den Tafeln stand. Zu eindeutig-eng und damit falsch war das Bild, das sich das Volk gemacht hatte von seinem Gott, dem vermeintlich Einen, der letztlich unseresgleichen war. Erst nachdem das Volk gereinigt war, konnten die Steintafeln neu beschrieben werden.

Das Bilderverbot des Alten Testamentes ist also nicht ein Verbot sui generis, sondern ein Folgegebot. Es geht ursprünglich um die Identität des eigenen

O. Heigold, „Aus der Reihe 14 Generationen“, 2001 – Lithographie, 28 x 23 cm

Kultes, dann um die Ausschließlichkeit der IHWH-Verehrung und die Abwehr des Synkretismus und dann um die Reinerhaltung des Monotheismus gegenüber absolut vereinnehmenden Heidentümern. Diese machten Gott zu einem menschengleichen Wesen. Zwar überhöht, aber doch unseresgleichen seien die Götter. Nach dem Bild des Menschen seien sie zu beurteilen.

Der Mensch als Gottes Bild

Diese Rede von der Ähnlichkeit des Menschen mit Gott greift ein Autor der Exilszeit auf und deutet sie völlig um. Im ersten Kapitel des ersten Buches der Bibel lesen wir: *„Gott erschuf den Menschen als sein Bild, als Bild Gottes erschuf er ihn. Männlich und weiblich erschuf er sie“* (Gen 1,27). Was ist damit gesagt? Zunächst soll deutlich werden: Der Mensch darf in Vertretung Gottes in der Welt schalten und walten gemäß dem Gottesgesetz. Doch dann ist da noch etwas angedeutet, das unser Thema berührt: Nicht wie ein Mensch ist Gott, nur überhöht und diesen übersteigend. Er ist der ganz Andere, unbegreiflich und alles übersteigend. Doch ist ein Funke seines Lichtmeeres sehbar im Menschen – in jedem Menschen, in jedem Mann und in jeder Frau. Der Singular im Text umfasst jeden Mann und jede Frau. Ein Bild Gottes ergibt sich aus der Vielfalt. Wie sehr ein einzelner Mann und eine einzelne Frau Bild Gottes sein mögen, sie erschöpfen dies nicht. In jedem der vielen Männer und in jeder der vielen Frauen zeigt sich das vielfältig Spiegelbare. Es sind nicht nur die 99 Namen Gottes, wie der Koran den Einen als Vielfältigen anspricht. Es sind milliardenfach variierte Bilder, die einzeln und alle zusammen ein Bild des Unbegreiflichen spiegeln, ohne ihn erschöpfend darzustellen. So gilt mit Blick auf den Ewigen absolut: Eindeutigkeit ist nur in Vielfalt wirklich wahr, und selbst die Summe aller Menschen-Bilder gibt noch nicht das Wesen des Unbegreiflichen wieder.

Die Entscheidung für die Bilder

Diese Erkenntnis des jüdischen Glaubens strömte ins frühe Christentum. Keine Kultbilder kennen die Christen der ersten Zeiten, wie auch die Israeliten sie nicht kannten. Nur Erinnerungsbilder mag es gegeben haben als Totenporträts oder auch erzählende Bilder sowie symbolhafte oder verfremdete Zeichen und Figuren. Doch dann entdeckten die Christen die Sprache der Bilder. Sie ahnten, dass durch die Menschwerdung des göttlichen Wortes eine neue Qualität des Greifbaren und Sichtbaren gegeben war – und damit nicht nur der Sprachbilder, sondern auch der gezeichneten oder stehenden Bilder; denn wenn sich das göttliche Wort schon gleichsam „materialisiert", indem es Fleisch wird, dann kann auch die Verkündigung dieser Realität unbeschwerter (als im Umfeld des alten Heidentums) mit der Sprache der gezeichneten Bilder umgehen. So entwickelte sich eine Kultur der erzählenden Bilder und auch der christlichen Kultbilder – bis im 8. Jahrhundert diese Praxis massiv in Frage gestellt wurde durch den byzantinischen Kaiser Leo III. und seinen Sohn Konstantin V. Ein nahezu sechzigjähriger Streit entstand, der noch lange nachwirkte und dessen Heftigkeit und Gefährlichkeit uns kaum bewusst ist. Der Streit begann genau zu der Zeit, als der Eichstätter Gründerbischof Willibald im Zentrum der Auseinandersetzungen, in Konstantinopel, weilte. Er fand seine theologische Lösung in Willibalds Todesjahr 787 durch das II. Konzil von Nikaia. Da wurde beschlossen: Bilder dürfen benützt, ja sogar verehrt werden. Da Gott in der Menschwerdung Christus als ein besonderes Bild seiner Wirklichkeit den Menschen gegeben hat, ist ein Bild Christi die Ikone der Ikone Gottes. Bilder sind ja nicht identisch mit dem Dargestellten. Sie erinnern an dieses und dürfen in dem Maß verehrt werden, wie dem Dargestellten Verehrung zukommt.

Im Osten entwickelten sich die Bilder in Richtung kultischer Ikonen, welche das Wesen einer Person oder den Typus einer biblischen Szene zu vermitteln suchen. Im Westen ist das Bild mehr in Richtung katechetische Darstellung verstanden und gebraucht worden. Somit ist ein Bild Träger einer Botschaft. Es dokumentiert oder illustriert, möchte aber – in vielen Fällen – auch direkt eine „cognitio sensitiva" erzielen, d. h. eine direkte Erkenntnis, die einen Menschen ohne reflektierende Auswahlschranke belehrt, bewegt und erfreut.

Der autonome Künstler als „homo religiosus" und seine Rezipienten
So erhielt das Bild in der christlichen Kirche einen Wert für die Frömmigkeit und für die Verkündigung. Diese Funktionen wurden von den Bildtheorien seit dem 19. Jahrhundert in Frage gestellt. Das Kunstschaffen der Künstler und ihr Selbstverständnis entwickelten sich weg aus dem Raum der kirchlichen Verkündigung. Das Pathos vom Selbsterschaffenden autonomen Künstler verdächtigte jede für eine bestimmte Funktion gedachte Kunst als unseriös und unerheblich. Dieses Nichtverhältnis von Kunstschaffenden und Kirchenleuten ändert sich – Gott sei Dank! – seit einigen Jahren. Beide Seiten haben ihre Positionen überdacht. Das Bemühen um Abstraktion, die Suche nach reinen Formen und nach kommunionsfähigen Bildsprachen sowie nach kreativer Aktionsfähigkeit hat den „homo religiosus" entdecken lassen, der in autonomem Handeln Formen in Farbe und Komposition schreibt, welche eine Öffnung zur Transzendenz und damit zu Themen der Theologie haben. Auf der anderen Seite haben Theologen vermehrt erkannt, dass Eindeutigkeit nur in der Vielfalt wahr ist. So werden beide Seiten fähig zu verstehen, dass Bilder in gleicher Weise wie Texte dort, wo sie an die Tiefe der Existenz rühren, die Tendenz zum Religiösen haben.

Otto Heigolds Lithographien und Bilder scheinen mir diese Affinität zum religiösen Bereich zu haben. Sie stehen in der Spannung von vieldeutig und eindeutig. Für sie gilt in hohem Maß, was der Titel dieser Ausstellung ins Wort bringt: Bilder schreiben – Texte zeichnen.

Ein-Blicke: Passion

Ausstellung von Stephan Weyergraf-Streit
vom 07.02. bis 21.02.2008
in der Johanneskirche in Eichstätt

Vortrag anlässlich der Ausstellung am 12. Februar 2008

„Kreuzweg"
Großflächige Bilder füllen die Wände des Raumes. Menschen sind auf ihnen zu sehen, die ihre Emotionen kundgeben, ungehemmt – Mitleid, Hass, Unverständnis, Trauer. Ungewohnt sind die Perspektiven. Ohne Zweifel sind es Bilder der Passion – ein Kreuzweg. Die Hauptperson, Jesus, ist nicht zu sehen. Unsichtbar bleibt er im Bild. Auf ihn hin richtet sich alles dort Gemalte. Es kommen die Themen ins Bild, die wir als traditionelle Kreuzwegstationen kennen, und es fügen sich noch andere an. Sie sprechen von Leid und Niedertracht gleichermaßen wie von Größe und Rettung. Dieser ungewöhnliche Kreuzweg zwingt uns die Frage auf: Wie kommt es denn, dass in unserer Tradition seit vielen Generationen Bilder der Passion Christi vorgestellt werden, die so grausame Themen wie Geißelung, Erschöpfung und Kreuzesqual darstellen? Ich möchte im Folgenden zunächst essayhaft einige Hintergründe der Passionsbetrachtung skizzieren, um dann meditative Gedanken anzufügen, die uns hilfreich sein könnten beim Betrachten der Passionsbilder von Stephan Weyergraf-Streit.

Die Passion Christi im Wandel der Frömmigkeitsgeschichte
Die Frömmigkeitsgeschichte hat zu verschiedenen Zeiten in verschiedener Weise die Passion Christi geschildert und dargestellt. Dies war nicht zufällig; denn die Passion fordert je neu heraus. Unter verschiedenen Fragehorizonten wurde und wird sie zum Problem. Wie zeigt sich das in der Geschichte der Frömmigkeit? Ich lege drei Thesen vor, eine zur Frühzeit, eine zum Mittelalter und eine zur Neuzeit.

Passion in der Frühzeit der Kirche

Es mag Sie vielleicht erstaunen: Die ersten schriftlichen Evangelien überhaupt waren, soweit wir wissen, Passionserzählungen. Das hat seine Gründe. Zwei möchte ich nennen.

Deutung der Leiden und des Kreuzestodes

Für die frühen Christen war die Passion eines der größten Probleme: Ihr Meister ist grausam am Kreuz gestorben, wie ein Verbrecher und mitten unter Verbrechern. Ein wirklicher Verbrecher, Barabbas, wurde ihm vorgezogen. So war demonstriert: Die religiösen Autoritäten hielten sein Auftreten für ein schlimmeres Verbrechen als das mörderische Tun dieses Menschen. Und Gott hat ihn nicht vom Kreuz heruntergeholt! Das hatten die Feinde Jesu beabsichtigt. Sie wollten Jesus aufs Kreuz bringen, um ihn und seine Botschaft zu vernichten; denn es galt der Spruch: „Verflucht, wer am Kreuze hängt." Wenn Gott ihn da verbluten und ersticken lässt, dann ist dies Beweis genug. Er ist ein Scharlatan. Seine Lehre kommt nicht von oben, er selbst kommt nicht von oben. Für die Anhänger Jesu war das leidvolle Sterben Jesu am Kreuz eine Katastrophe, eine Heidenschande. Wäre er nicht auferstanden, hätten die Feinde absolut gesiegt, die Sache Jesu wäre vernichtet gewesen.

Unter diesen Gegebenheiten genügte es für die Christen nicht, zu sagen: Er ist auferstanden, er lebt. Das zu wissen sei genug, vergessen wir, was vorher war. Für sich selbst mussten sie die Sache erst klar bekommen, und dann vor allem auch für jene, die sie von der Botschaft Jesu überzeugen wollten. Sie mussten darlegen, dass Christus von Gott kam und dass seine Botschaft bzw. sein Weg der rechte Weg zum Ewigen hin ist. Und da war dieses Leiden und Sterben zunächst Hemmnis, doch es war auch Teil seines Lebens und seines Wirkens.

Die Auferstehung gab ihnen den Schlüssel, um zu verstehen. Doch lange haben sie gebraucht, bis sie kapierten, dass dieses Leiden und Sterben als Durchgangsstation notwendig gewesen war. In der Emmaus-Geschichte spiegelt sich die Skepsis noch deutlich: Nicht einmal die Nachricht von der Auferstehung konnte sie aus ihrer Depression herausholen. Sie waren geschockt. Und in der Tat. Paulus sagt es später im Korintherbrief: Für die Heiden ist es eine Narrheit, für die Juden ein Ärgernis. Doch dem Glaubenden wird deutlich: Die Passion hat im gesamten Erlösungsgeschehen einen unverzichtbaren Platz (vgl. 1 Kor 1,18–23). Es ist ein Paradox und

S. Weyergraf-Streit, „Thomas" –
Acryl auf Leinwand, 230 x 180 cm

doch wieder plausibel. Das Kreuz ist die Konsequenz aus der Menschwerdung. Es stellt die *exinanitio*, die Entäußerung bis zum Letzten, dar. Und warum dies sein musste? Mensch wurde er, um sich mit der verlorenen Menschheit zu solidarisieren. Im Schicksal Jesu bündelt sich die Armseligkeit der gesamten Welt und des Kosmos. Indem Jesus sich dieser Armseligkeit ausliefert und selbst armselig wird, reißt er sie auf; holt die Welt aus ihr heraus und bringt sie mit dem Bereich des Göttlichen in Verbindung. So ist die Erlösung geschehen, die Gott seit alters angeboten hat. In der Kreuzwegandacht wird dies (viele Jahrhunderte später) in eine Gebetsformel gebracht: *„Denn durch dein heiliges Kreuz hast du die Welt erlöst."*

Die Christen mussten also, wenn sie von der Auferstehung sprachen, zuvor von der Passion sprechen, und sie mussten dieser Passion eine Deutung geben. Sie haben dies aber in der frühen Zeit zunächst *nur in Sprachform* getan, d. h. sie haben es erzählt, zeitlich eingeordnet und ihm eine Form gegeben. Doch sie haben sie nicht bildlich dargestellt. Erst ab der Zeit nach Konstantin begann man die Passion zu malen oder zu schnitzen – zunächst recht behutsam. Dies ist ein erster Grund, warum die Christen von Anfang an die Passion ins Zentrum der Betrachtung stellen mussten.

Antikes Lebensgefühl

Einen zweiten Grund möchte ich noch anfügen, der deutlich macht, warum die Rede von der Passion in der Zeit der Spätantike so wichtig war. Das Lebensgefühl[9] der Menschen in der Spätantike (bis herauf ins 5. Jahrhundert) war geprägt von dem Wunsch, die Erdenschwere zu überwinden und aufs Wesentliche ausgerichtet zu sein. Das Irdisch-Fleischliche empfand man als belastend, eine Befreiung ins Geistige suchten viele Religionen und Philosophien zu erlangen. Das Christentum kam diesem Streben zum Geistigen in gesteigertem Maße nach und konnte zugleich die Abwertung des Irdischen mindern, ja umdrehen, weil es als Botschaft brachte: Das Göttliche ist in Christus wirklich ins Menschliche gekommen, ist Fleisch geworden, hat das Fleisch gleichsam geadelt. Es hat den Minderwert des greifbar Irdischen aufgehoben. Ja, der göttliche Sohn hat sich entäußert bis in die

9 Wenn ich hier den Begriff vom „Lebensgefühl" einbringe, dann ist dieser zwar vage, zeigt aber dennoch eine Tendenz, die sich über eine längere Zeit an vielen Ecken ausmachen lässt. Gemeint ist damit eine gefühlsmäßige Plausibilität eines Zeitabschnittes.

tiefsten Tiefen. Er hat sich behandeln lassen wie der schlimmste Verbrecher. Und so hat er alles von innen her verändert. Hier nun lag das Faszinierende im Christentum: Die Erdenschwere wird nicht gelöst durch das Abstreifen des Materiell-Irdischen, oder durch dessen Negierung oder dessen mindere Bewertung (wie bei allen dualistischen Religionen), sondern wird einbezogen in die Verklärung. Das Leibliche muss nicht verachtet werden. Deshalb ist die Auferstehung Christi ein so wichtiger Faktor der Verkündigung. Er hat die menschliche Natur in den göttlichen Bereich mitgenommen. Er hat das Irdische in der geistigen Welt neu verankert. Damit ist klar: Es ist in Christus keine nur geistige (sprich esoterische) Erlösung geschehen, keine „Als-ob-Erlösung", sondern eine wirkliche Erlösung des ganzen Menschen und des ganzen Kosmos. Die verschiedenen Nuancen des Platonismus und deren Varianten, die das Lebensgefühl in vielen Punkten trafen, konnten hier weit überboten werden. Dies haben nicht so sehr die Intellektuellen formuliert, als vielmehr die einfachen Menschen „gerochen". So war also das Christentum eine faszinierende Religion, da aus dieser Grundposition heraus das kulturelle und soziale Handeln in diesen großen Wurf einbezogen und als sinnvoll vermittelt werden konnte – eingeschlossen all die negativen Lebenserfahrungen. Die leiblichen Werke der Barmherzigkeit waren gleichermaßen wie das äußere Handeln konstitutiv geistliches Tun. Dazu kam noch die Universalität, dass alle Menschen berufen sind, hier eingebunden zu werden.

Um diese Grundposition demonstrativ auszudrücken, musste man die Passion erzählen – in all ihren Stationen; denn jede Station des Leidens und Sterbens Jesu war – wie auch alle anderen Lebensstationen – Offenbarung, in jeder Phase des Leidens und Sterbens Jesu zeigt sich: Auch Leid und Tod haben einen Wert, da sie durch Christus zu Zeichen der Hingabe und Liebe geworden sind.[10] So bekam die Botschaft von der Auferstehung durch die vorausgehenden Passionserzählungen eigentlich erst ihr Gewicht.

10 Was das Glaubensbekenntnis der Kirche betont, entsprach den verborgenen Wünschen der Menschen: dass alles im Leben geheiligt, also Gott-nah sei (ich glaube an die heilige Kirche), dass alle Menschen geeint würden unter einem Einheitsprinzip (ich glaube an die eine Kirche), dass alle Kulturen und Völker nicht kriegerisch in Konkurrenz zueinander stehen, sondern in der einen Welt wirken (ich glaube an die katholische Kirche), und dass es eine Autorität gibt, die verbindlich Weisungen für das Leben gibt (ich glaube an die apostolische Kirche) – das alles entsprach den Grundwünschen der Menschen. Und hierzu hat die Lehre von der Erlösung in Christus durch Tod und Auferstehung Entscheidendes geben können.

S. Weyergraf-Streit, „Maria Magdalena" –
Acryl auf Leinwand, 230 x 180 cm

Nun änderte sich das Lebensgefühl ab dem Frühmittelalter in hohem Maße, und mit ihm auch langsam die Formen der Frömmigkeit. Die Jahrhunderte fünf bis zehn sind geprägt von vielen nicht leicht fassbaren Faktoren: Byzanz spielte eine wichtige Rolle, und dieses war geprägt von der Tradition der Antike, vom Kaisertum und vom Mönchtum. Im Westen war nach der Völkerwanderung die große Missionierung eine Öffnung zu antiken Kulturelementen – und doch gab es andere Fragen. In beiden Räumen wirkte das spätantike Lebensgefühl, es wandelte sich aber langsam. Am deutlichsten sieht man es bei der Eucharistie: Die Messen häufen sich, man empfängt die Kommunion selten, betet sie dafür aber umso häufiger an. Von diesem langsamen Wandel ist auch die Passionsfrömmigkeit betroffen.

Mittelalterliches Lebensgefühl und die Passion
Die Frage heißt: Ist Christus in der Eucharistie wirklich da? Ist er nur als reines Symbol da? Gibt es eine Wandlung? Das eigentliche Anliegen, das hinter solchen Fragen steht, heißt: Wie wirklich sind die religiös-geistlichen Botschaften denn überhaupt? Ist die religiöse Welt eine rein geistige Welt, also eine gedachte oder absolut jenseitige, die nur in Symbolen ins Diesseits tritt, oder durchwirkt sie unsere konkrete Existenz? Die Frage, so meine ich, wird ausgelöst wiederum von einem „Lebensgefühl", das ich folgendermaßen umschreiben möchte:

Die Menschen entdeckten – deutlich greifbar nach der Jahrtausendwende (und dann sukzessive deutlicher) – den Kosmos als in sich geordnetes Ganzes, das aufgrund von Gesetzen funktioniert. Die Idee von einer sich selbst tragenden Natur begann die Menschen zu faszinieren und zugleich zu ängstigen. Denn was wird geschehen, wenn Gott allem Irdischen nur Gesetze gegeben hat, aber nicht mehr wirkend anwesend ist? Wie kann Erlösung geschehen, da es doch trotz der großen kosmischen Ordnung so viel Unerlöstes gibt? Kommt die Übernatur nirgends mehr vor? Ist in der Natur, der einerseits so funktionierenden und andererseits so schrecklichen, kein Anzeichen da, dass das Göttlich-Übernatürliche wirksam ist? Wo begegnet uns das Göttliche inmitten des geordneten und gleichsam autonomen Kosmos?

Die befreiende Antwort auf diese Frage war die Botschaft: In Jesus Christus ist das Göttliche ins Menschliche gekommen. Die Menschwerdung ist die Trostbotschaft für uns, die wir uns der unvollkommenen und alles in sich schließenden Natur ausgeliefert fühlen. Er ist zu uns gekommen. Gott wurde Mensch. Und dass er Mensch wurde bis zum Äußersten, das sehen wir in seiner Passion und in seiner Kreuzigung. Hat man bisher in den romanischen Kreuzen den Auferstandenen vor dem Kreuz stehend dargestellt, der die Augen geöffnet hat, uns gütig anschaut und uns wie dem Thomas seine Wunden zeigt als Zeichen: Ich lebe!, so wird jetzt in den gotischen Kruzifixen der tote Christus gezeigt mit allen Zeichen des Leides. Menschwerdung bis zum Äußersten ist hier dargestellt. Und das leidvolle Sterben Jesu wird zum entscheidenden Akt der Erlösung. Noch etwas kommt hinzu: Eine langsame Wendung zum Subjekt bahnt sich an. Das eigene Leben mit seinen Leiden wird mitbedacht. Es wird ein sinnvolles Handeln. Ich kann – nach der Paulusstelle in Kolosser 1,24 – mich mit dem Leiden Christi zusammen denken. „Für den Leib Christi, die Kirche, ergänze ich in meinem irdischen Leben das, was an den Leiden Christi noch fehlt." Meine Leiden haben also etwas zu tun mit Jesu Leiden und umgekehrt. Seine Leiden anschauen und betrachten bestärkt mich, mein Leben in den Erlösungszusammenhang zu stellen. Zunehmend intensiver werden im 13. und 14. Jahrhundert die Leiden und das Sterben Jesu gezeigt – in Passionsspielen, in stehenden Bildern und in bildlichen Darstellungen. Die Zuschauer und Betrachter sollen sich in einer „Compassio", einem Mitleiden mit Christus, identifizieren und so ihm geistig nachfolgen.

Einen Höhepunkt (und auch Endpunkt) dieser Passionsdarstellungen finden wir etwa bei Matthias Grünewald im Isenheimer Altar. Da werden alle Krankheiten und Leiden, welche Menschen erdulden müssen, in Christus dargestellt. Das Kreuz stand im Presbyterium einer Kirche, welche Krankensaal war, so dass jeder der Kranken sein Leid an dem Bild Christi dargestellt sah und so Trost fand. Doch als dieses Kreuz geschaffen wurde, hat sich das Lebensgefühl der Europäer wieder zu wandeln begonnen – was sich am deutlichsten im Wandel des Stils ausdrückt. Das Lebensgefühl der Neuzeit bricht an mit der Renaissance. War die Romanik Ausdruck des antiken Fühlens, die Gotik des mittelalterlichen kosmischen Fühlens, so zentriert die Renaissance das Lebensgefühl auf den Menschen und seine Aktivität hin, was sich z. B. in der Darstellung des Kreuzes und der Leiden in ganz anderen Formen zeigt.

Neuzeit und Passion

Für gewöhnlich sagt man, das prägende Merkmal der Neuzeit sei die Zentrierung der Weltsicht auf den Menschen. Er sei das Maß aller Dinge. Von ihm her denkt man die Welt. Luthers (1483–1546) Frage „Wo finde ich einen gnädigen Gott?“ sei ein religiöser Ausdruck dafür, Descartes‘ (1596–1650) „cogito ergo sum“ (ich denke, also bin ich) sei ein neuer Ansatz, um ein Wahrheitskriterium zu besitzen.[11] Die Fragen nach der Geschichte, nach dem menschlichen Handeln als innovativem Gestaltungselement und dem kommunikativen Suchen des Wahren seien entscheidende Formelemente der Gesellschaft und würden den Einzelnen wesentlich prägen. *Das Lebensgefühl der Menschen in der Neuzeit schwankt zwischen einer Zentrierung auf das Ego mit seinem Lebensglück und einer systemischen Einbindung in den Kosmos der Menschengruppen.* Der Einzelne und sein Eingebunden-Sein in ein System, diese beiden Faktoren bestimmen das Lebensgefühl. Und die Spannungen, die sich daraus ergeben, sind in den letzten vier Jahrhunderten unterschiedlich angegangen und gemeistert worden. Im religiösen Bereich entwickelte sich – im protestantischen Bereich stärker als im katholischen – die Idee, dass Religion eigentlich eine private Angelegenheit ist. Die Lösung im Katholischen ist dadurch gegeben, dass die Kirche als System in Theologie, Liturgie, Ritualen und Lebensanweisungen dominant Konstanten festlegt. Es gibt strenge Regeln. Doch gleichzeitig gibt es im Rahmen dieser Regeln große Freiräume. Beispiel Liturgie: Da ist nahezu jedes Wort und jeder Gestus festgelegt. Aber durch die lateinische Sprache werden dem Einzelnen, der diese Sprache nicht genau kennt, viele Räume offen gehalten, die er privat ausfüllen kann. Dazu blühen gleichzeitig viele Formen von Privatfrömmigkeit auf wie: Herz-Jesu-Verehrung, Marienverehrung. Andachts-Formate kommen auf (bzw. werden intensiviert) wie der kontemplative Rosenkranz, die Maiandacht. Viele Formen volkstümlicher Bräuche entwickeln sich, und vor allem werden der Kreuzweg und die Ölbergandacht im Volk sehr beliebt. An vielen Orten werden Kalvarienberge

11 Giambattista Vicos Entdeckung des Geschichtlichen bringe alles in zeitliche Verhältnisse (verum quia factum), Marxens „homo faber“ (verum quia faciendum) lasse das Handeln als entscheidenden Faktor für das Glück erkennen und (um es in die Gegenwart zu holen) Habermasens „verum quia communicabile“ stellt den Menschen in die Sprachgemeinschaft als Handlungsgemeinschaft.

angelegt und Kreuzwallfahrten gefördert. Passionsprozessionen werden abgehalten, und unendlich viele Darstellungen des leidenden, sterbenden oder toten Christus werden in Gottesdiensträumen, in Privaträumen und in außerliturgischen öffentlichen Räumen gezeigt. Der gekreuzigte Christus ist zum alles beherrschenden Signet für das Katholische geworden – neben der Darstellung Mariens mit dem Kind (seit der Mitte des 19. Jahrhunderts auch der Immaculata).

Hierbei aber haben wir seit der Renaissance für die Darstellung Christi bis herauf ins späte 19. Jahrhundert nicht mehr den expressiv in Leid Getauchten, sondern einen edlen, oft athletischen Corpus – den Schönsten aller Menschen. Schauen Sie die Christus-Darstellung von Loy Hering in der Gundekar-Kapelle des Domes in Eichstätt an: ein edler Körper, in gerader Haltung wie ein Sportler am Kreuz hängend, ein Dornenkranz sitzt elegant auf dem Haupt, die Finger der angenagelten Hände sind zum Segensgestus gespreizt, das Lendentuch, vom Wind bewegt, bauscht sich nach beiden Seiten. Ein wunderschöner Mensch, leidend, aber sein Leid ist idealisiert. Im Barock behält man grundlegend den Typus bei, dramatisiert aber dahingehend, dass man bei der Darstellung des Lebenden meist eines der sieben Worte auszudrücken sucht, die in den Evangelien berichtet werden, wie Jesus sie am Kreuz gesprochen hat. Beim toten Christus lässt man zwar alle Spuren des Leides erkennen, betont aber die edle Gestalt des Verstorbenen und seinen Sieg über Sünde und Tod. Wo immer man aber das Umfeld darstellt, lässt man in diesem alle Grausamkeiten und Bosheiten sichtbar werden. Das Mitleiden wird betont. Für dich hat der Herr dieses Leiden auf sich genommen! Die Passionsfrömmigkeit greift ins Gemüthaft-Private. Im Protestantismus kommt dies vor allem in musikalischen Werken zum Tragen (vgl. z. B. die Passionen von Johann Sebastian Bach), im Katholischen sind es mehr die Andachten, Prozessionen und eben die kunstvollen Darstellungen. Ich als Mitleidender, ich als Betroffener bzw. als der, der sich betreffen lässt – das sind die dominierenden Momente in der Passionsfrömmigkeit.

Im 20. Jahrhundert ist vor allem durch die grausamen Kriege und – speziell bei uns in Deutschland – durch den Holocaust in dramatischer Weise die Frage nach Sinn und Unsinn von Leid in die Mitte gerückt. Tausendfach haben Künstler und Künstlerinnen dies darzustellen versucht, vor allem auch in vielen Kreuz-Bildern, von denen ganz wenige in Kirchenräumen Platz fanden. Man denke an den Gekreuzigten von Lovis Corinth, die vielen Kreuze von Joseph Beuys. Trauer muss bewältigt werden. Wie konnte und kann es geschehen, dass Systeme, in die der Mensch eingezwängt ist, solcherlei zulassen oder sogar durchführen und andere Systeme machtlos zuschauen. Wie konnten die Nazis solche Verbrechen begehen und die Kirche nichts nachhaltig dagegen tun? Das ist einer der Fragepunkte. Ein anderer: Wie kann ich dem Leid begegnen? Wie kann ich das Leid mindern helfen? Sind es die Systeme und ihre Konstellationen, die das Leid fördern? Sind es Einzelne, die durch ihre Interessen das Leid anderer vermehren? Was kann ich da als Einzelner tun? Und immer wieder die generelle Frage: Wie können die Systeme nachhaltig Leid mindern?

Hier kommt die Kirche in den Blick, die vornehmlich als System wahrgenommen wird. Seit der Reformation war sie ein Hauptthema der Reflexion, das II. Vatikanische Konzil hat über sie Wesentliches gesagt. Das System Kirche will dem Einzelnen Glaubensgarantie vermitteln. Wer allein nicht mehr zum Geheimnis selbst durchkommt, der orientiert sich am Glauben derer, die das Geheimnis bezeugen, künden, darstellen und (wenigstens teilweise) realisieren. Der Einzelne erwartet von der Kirche Stabilität, Wegweisung und glaubhafte Darstellung der Glaubenswirklichkeit. Wie aber kommt hierbei Passion vor?

Es gibt unterschiedliche Weisen, die von Verdrängung bis zu expressiven Darstellungen reichen. Die Kirche der Gegenwart sucht Strukturen zu verändern und feiert lieber Jubiläen, als dass sie Schmerzhaftes beweint. Dabei gäbe es so vieles zu beweinen. Freilich hat sie auch für das Weinen Feierformen. Nur sollte man beachten: Von Auferstehung können wir glaubhaft erst reden, wenn wir zuvor glaubhaft von Passion gesprochen haben. Und das heißt: etwas von dem Schmerzhaften erlitten haben. Auferstehung dürfen wir nur feiern, wenn wir zuvor Passion betrachtet und (wenigstens teilweise und gemüthaft) erlitten haben.

Die Passionsbilder, die wir hier im Raum sehen, verdrängen nicht. Sie mahnen überdeutlich die Passion an. Zu ihnen möchte ich im Folgenden ein paar Worte sagen.

Mit dem Blick Jesu

Zuerst seien ein Einfall zur Perspektive ausgesprochen und dann ein paar Impressionen zu sechs Bildern angefügt.

Ich bin nicht Jesus. Ich sehe auch nicht durch seine Augen; denn ich spüre nicht seinen Schmerz und seine Enttäuschung und seine Angst. Ich

S. Weyergraf-Streit, „Einer von euch wird mich verraten", 2008 – Acryl auf Leinwand, 230 x 180 cm

sehe durch seine Augen, ohne dass mir etwas weh tut. So bin ich wie ein Distanziert-Interessierter, der zuschauen darf, was Jesu Augen sehen. Ich positioniere meinen Blick, ohne mich mit Jesus identifizieren zu können. Ich schaue als Ich das, was Jesus sieht. Dabei sehe ich Menschen, die den Kreuzweg Jesu begleiten – machtlose Freunde, mächtige und doch wieder ohnmächtige Feinde. Die Szenen zeigen erzählte Bibelworte und teilweise in der Tradition gewachsene Bilder. Sie bleiben in der Bildfolge noch erkennbar beim Schema „Kreuzweg", lassen aber sechs Stationen aus und fügen statt derer sechzehn hinzu. Diese greifen Erzählszenen auf, die in der Bibel stehen: Palmsonntag, Abendmahl, Ölberg, Gefangennahme, Verhör vor dem Hohen Rat, Barabbas, Geißelung, Kleiderverteilung, sechs der sieben überlieferten Worte Jesu, Magdalena als Erstzeugin und Thomas. Zwei der Szenen werden auch im schmerzhaften Rosenkranz bedacht (Ölberg, Geißelung), zwei künden von der Auferstehung. Vor mir steht also ein Kreuzweg mit 24 Bildern. Was macht er mit mir?

Der Blick Jesu und meine Perspektive – Impressionen zu ein paar Bildern

Nun möchte ich noch einige Impressionen anfügen. Dabei ändere ich die literarische Gattung und spreche nicht reflexiv, sondern meditativ. Ich muss dabei nicht beschreiben, das werden andere tun. Ich werde assoziieren und versuchen, meinen Jesus-Blick mit Jesus-Gedanken und Jesus-Gefühlen zu füllen. Ich greife die sechs der sieben Worte heraus, die Jesus vom Kreuz herab gesprochen hat. Sie sind hier illustriert. Und zwar dergestalt illustriert, dass sie darstellen, was Jesus zu dem Wort angeregt haben könnte. Ich gehe der Reihe nach:

„Sieh, dein Sohn, sieh, deine Mutter."

Jesus kümmert sich um seine Mutter: „Sohn, siehe da, deine Mutter." Das hat sicherlich zunächst eine praktische Seite. Der Sohn ist in der jüdischen Gesellschaft verantwortlich für die Mutter, wenn sie Witwe ist. Da Jesus ihr nicht mehr Schutz bieten kann, bittet er seinen Vertrautesten unter den Jüngern, die Mutter zu sich in den Haushalt zu nehmen. Der Mutter sagt er: Nimm diesen an meiner statt als Sohn an und lass dich von ihm versorgen. Doch dieses Wort steht im Johannesevangelium. Und dort bedeuten solche Worte mehr, etwas über den praktischen Sinn hinaus. Diese beiden, die Mutter und der Lieblingsjünger, halten unter dem Kreuz aus – mit noch ein paar Frauen, vor allem der Maria Magdalena. Jesus fügt sie (besonders die beiden) zu einer Gemeinschaft. Sie seien der Kern der neuen Gemeinschaft, die sich unterm Kreuz versammelt bzw. bildet unter dem Vorzeichen dessen, was mit dem letzten Atemzug Jesu geschehen ist. Die Gemeinde derer, die Jesu Erlösungstat bekennen. Um die beiden wird sich die Kirche formieren.

Dismas, der rechte Schächer

Das zweite Wort – hier tituliert: „Dismas, der reuige Schächer". Inmitten von zwei Verbrechern wird Jesus gekreuzigt. Man nimmt an, sie waren politische Umstürzler und Mörder – heute würden wir vielleicht sagen Terroristen. Der eine flucht und flucht zu Jesus hin. Er spricht aus, was auch die Feinde Jesu aussprechen: Wenn du von Gott kommst, dann wird er dich herunterholen. Wenn du von Gott kommst, dann nimm uns beide mit hinunter. Der andere widerspricht und sagt: Wir beide sind schuldig, während Jesus unschuldig ist. Er sieht Jesus leiden und spürt seine Haltung. Er beginnt zu glauben: Der ist von oben. Der ist mit dem Ewigen verbunden. Der wird ins Himmelreich hineingehen. Und eine Hoffnung steht in ihm auf. Er bittet Jesus: „Gedenke meiner, wenn du in dein Reich kommst." Und er bekommt die Antwort: „Wahrlich, ich sage dir, heute noch wirst du mit mir im Paradiese sein." Welch ein Wort! Ein Verbrecher darf als Erster mit dem Herrn ins Himmelreich gehen, ein Terrorist, der einsah: Ich habe alles falsch gemacht, ich möchte, es wäre anders gewesen. Der Herr sagt ihm: Es ist anders, weil du dein Herz umgedreht hast.

Uns muss klar sein: Dies ist die erste Heiligsprechung. Der Erste, von dem wir wissen, dass er mit Christus ins Paradies gehen durfte, der erste Heilige also der Kirche war ein Verbrecher, der um Erbarmen rief.

„Vater, vergib ihnen, denn sie wissen nicht, was sie tun."

Das dritte Wort „Vater, vergib ihnen; denn sie wissen nicht, was sie tun" ist – wie das eben genannte – ein Wort unbegreiflichen Erbarmens. Jesus begibt sich nicht auf die Ebene des Hasses. Er sieht seine Feinde. Sie verspotten ihn. Sie sind dabei, ihn zu vernichten. Kein böses Wort hat er für sie. Er will, dass alle gerettet werden – auch seine Feinde.

S. Weyergraf-Streit, „Dismas" (der rechte Schächer), 2008 –
Acryl auf Leinwand, 230 x 180 cm

S. Weyergraf-Streit, „In deine Hände befehle ich meinen Geist“, 2008 – Acryl auf Leinwand, 230 x 130 cm

„Mein Gott, mein Gott, warum hast du mich verlassen?"

Das vierte Wort, ein dramatisches Wort: Der Herr schreit seinen Schmerz hinaus: „Eli, eli, lamma sabachtani." Es ist ein Verzweiflungsruf, es ist der Anfang eines Klagepsalms (Ps 22). Wir dürfen annehmen, Jesus habe den ganzen Psalm gebetet. Da ist in verschiedenen Bildern Klage geführt über eine furchtbare Lage. Allein muss er kämpfen. Keine Hilfe von oben scheint gegeben. Wie ein Wurm fühlt er sich. Wie ein Eingekreister kommt er sich vor, wie ausgeschüttetes Wasser. Doch inmitten des größten Elends, hinausgeschrien und dem Höchsten hingesagt, kommt ein Hoffnungsschimmer. Unter der Zunge des Klagenden bildet sich schon ein Lobpreis. So kann der Beter aus der Klage heraus rufen: „Preiset den Herrn; denn er verabscheut das Elend des Armen nicht." Denn auch dieses Elend steht nicht neben dem Leben. Es ist Teil des Lebens. Und im Falle Jesu ist es jener letzte Teil, in dem er stellvertretend für alle Menschen alles Elend dem Vater-Gott so präsentiert, dass es Zeichen von Hingabe und Liebe wird. Und damit ist es von innen verändert. Alles Leid kann durch ihn verändert werden.

„Mich dürstet!"

Das fünfte Wort: „Mich dürstet." Unerträglich muss der Durst eines Gekreuzigten sein, so schlimm wie die Schmerzen. Jesus hatte Durst, und er bittet um Flüssigkeit. Doch der Satz bedeutet wohl mehr: Wie ein Durstiger sich nach Flüssigkeit sehnt, so sehnt sich der Herr danach, allen Menschen zu helfen, sie ins Reich Gottes zu holen, allen Gerechtigkeit zukommen zu lassen.

„Vater, in deine Hände befehle ich meinen Geist."

Dann ruft der Herr im sechsten Wort: „Vater, in deine Hände befehle ich meinen Geist." Tiefstes Vertrauen spricht daraus. Vertrauen, dass auch dieses Leiden einen tieferen Sinn hat: das Verkanntwerden, die Schmerzen, die hoffnungslose Situation, der sichere Tod. Dies alles ist Teil eines großen Planes. Mit dem letzten Atemzug verändert sich alles.

Und so kann Jesus im siebten Wort den letzten Seufzer ausstoßen: „Es ist vollbracht." Dieses „Es" meint sein Lebenswerk. In allem hat er dem ewigen Vater-Gott gedient. Zu keiner Phase ist er herausgefallen aus der Verbindung mit ihm. So ist etwas vollbracht, was für uns Bedeutung hat. Es darf klar sein: Nichts ist umsonst. Auch die Stunden der Trauer sind echtes Leben. Denn der hinter allem steht, gibt allem Leben Sinn. Die Quintessenz für uns sei in ein Bild gefasst: Wie der Schatten zum Licht, so gehört Trauer zum Glück. Wer auf Gott vertraut, der weiß auch dann, wenn er im Schatten steht, dass diesen Schatten ein Licht erzeugt hat – es steht nur etwas dazwischen.

Das Todbringende des Schattens, das Todbringende der Passion ist überwunden – in Jesus Christus. Das sagt der christliche Glaube. Die Bilder wollen helfen, das zu verinnerlichen.

V. Scheck, „Ausblick", 2015 – Acryl auf Leinwand, 120 x 150 cm

Eröffnungsrede zur Ausstellung am 30. September 2018

„Landschaft“ heißt der Titel der Ausstellung. Für gewöhnlich differenzieren wir und sprechen von „Naturlandschaft“ und „Kulturlandschaft“. Hier ist Ersteres gemeint. Der Künstler thematisiert auf seine Weise, was vorgegeben und zugewachsen ist als Lebensraum. Dieser umfasst Täler, Ebenen, Berge, ausgestattet mit Bäumen, Sträuchern, Gräsern, durchflossen von Wasser und erfüllt von Luft. Eingeschlossen sind auch die Lebewesen, die sich ohne unser Zutun im Raum befinden – wie Insekten, Ameisen, Gewürm, Schlangen, Vögel und die Wild-Tiere vom Fisch, Hasen, Igel, Dachs bis zum Wildschwein, Reh und Hirsch.[12] In dieser Natur herrscht in jeder Landschaft ein Gleichgewicht all der Kräfte und Lebensmöglichkeiten für diese Erdbewohner, die sich durch die wechselnden klimatischen Bedingungen eingependelt haben. Doch in dieser Landschaft leben auch Menschen. Sie entwickeln innerhalb dieser Vorgegebenheiten eine Kultur, d. h. sie machen sich das, was sie vorfinden, zu Nutzen. Sie pflanzen Bäume, von denen sie ernten; sie roden Wald und schneiden die Baumstämme zu Balken; sie säen Gras in großer Fläche als Weiden für das Vieh, das sie domestizieren zum Nutztier; sie streuen Korn, um es ums Hundertfache zu vermehren; sie bauen Straßen, um sich mühelos bewegen zu können; sie errichten Häuser und Scheunen und Garagen, ja sie legen Dörfer und Städte an, um sicher und nach lebensfördernden Regeln zu leben. Kurzum: Sie nutzen alles in der Natur und schaffen sich inmitten der Landschaft eine Kultur. Diese war in früheren Zeiten so proportioniert, dass das natürliche Gleichgewicht der zusammenwirkenden Kräfte funktionierte. Die Natur

12 In anderen Gegenden Zebras, Antilopen, Bisons, Nashörner, Löwen, Tiger, Elefanten u. a.

konnte – wenn auch durch die Kultur verändert – noch segensvoll wirken. Die Kultur war als Dorf und Stadt Teil der Landschaft.

Nun aber hat sich alles verändert. Der Mensch beeinflusst das Vorgegebene und Zuwachsende so, dass er Teile der Natur zerstört. Viktor Scheck zeigt dies in einigen Bildern. Er stellt fest: Immer weniger Vögel singen. Sie sind weggeflogen. Sie fanden keine Insekten mehr als Nahrung, das Gewürm in der Erde ist vergiftet, die riesigen Ackerflächen kennen keine Schutzhecken, die Luft ist angereichert mit CO^2 und anderen Giften. – Kurzum: Natur verschwindet, wird ausgelaugt durch eine Landwirtschafts-Kultur, die – wie man sagt – noch effektiver den Boden nutzt, um nicht nur einen Zentner Weizen von 10 m^2 Boden zu bekommen, sondern zwei. Wenn man es nicht so organisiere, könne man der Konkurrenz weltweit nicht standhalten. Ein Zwang liegt im Raum. Alles muss großräumig organisiert werden – ohne Rücksicht auf die Region. Das hat zur Folge: Alles muss möglichst kostengünstig werden. Der ökonomische Aspekt dominiert die gesamten Aktivitäten. Geld-Erwerb ist zum dominanten Kulturschaffen geworden. Und das beutet die Natur dergestalt aus, dass sie in vielen Bereichen abstirbt.

Viele weitere Faktoren spielen sich im Kontext der Ökonomisierung in der Menschenwelt ab. Die Städte werden größer, das Land versteppt kulturell. Die Wirtschaft denkt in globalen Räumen, die großen Firmen wachsen und die kleinen sterben. Die weite Welt lockt, in die Ferne zu reisen, durch die Nachbarstadt fährt man nur schnell mal im Auto, kennt weder deren Kirchen und Museen noch deren Freizeitpark. Die Menschen verlieren den Blick für ihren Lebensraum – spüren nicht mehr, dass sie als Kulturwesen in der Natur eingebettet sind, in ihr und von ihr leben. Zum Bäcker fährt die Frau mit dem Auto – 300 m und ärgert sich, dass kein Parkplatz frei ist. Die Kinder muss sie in die Schule fahren – ist schließlich zu gefährlich, wenn sie einen halben Kilometer auf der Straße laufen müssen. Sie ist gestresst. Und dann ist da noch die virtuelle Welt. Radio, Fernsehen, Smartphone, Internet. Die ganze Welt steckt im Kasten. Ich kann alles abrufen. Ich muss nicht ins Freie gehen, um die untergehende Sonne zu sehen, sagt der junge Mann: Ich schau mir den Sonnenuntergang auf dem Bildschirm an, von einem Kameramann augengerecht positioniert. Und von wegen schöner Sonne! Wenn ich abends gegen Westen fahre, da ärgert sie mich, sie blendet! Da stört mich die Sonne!

Viktor Scheck ist ein Natur- und Kulturmensch. Von sich selbst sagt er: „Ich bin ein Romantiker, Landschaftsflaneur und Naturschwärmer, aber trotzdem ein engagierter und rationaler Kritiker der gegenwärtigen Umwelt und Landwirtschaftspolitik – und würde am liebsten das halbe Jahr im Freien leben. Ornithologisch laienhaft gebildet – alter Wanderer durch Deutschland und sonst wo – Tramper durch ganz Europa – vom Vater mit und durch die Natur sozialisiert und beispielhaft in die Praxis der Wahrnehmung und Beobachtung eingeführt. Ich bin Wald- und Wiesenmaler auf Niveau und sonst auch eher dem Lande zugetan, weniger den Metropolen. Ich bin skeptisch gegenüber Trends, Stilen und Bewegungen in der zeitgenössischen Kunst. Ich habe für mich die Malerei und Zeichnung mit ca. 15 Jahren entdeckt, wahrscheinlich, um mir die Welt über Bilder zu erobern und zu erklären. Sehen und Suchen! Um die Welt zu verstehen, male ich. Malen und Zeichnen ist Denken, und die Natur ein begehbarer Bildraum." So weit eine Selbstaussage!

Viktor Scheck geht also viel zu Fuß, nimmt sensibel die Natur wahr und weiß seine und unsere gesamte Kultur in ihr eingebunden. Die Kultur ist eingetaucht in die Landschaft. Scheck weiß, die Energie, die uns leben lässt, kommt von der Sonne. Er weiß, alle menschliche Arbeit bringt auf Dauer nur dort Frucht, wo der Mensch anerkennt: Das Entscheidende kann ich nicht selbst tun, es ist mir zugewachsen. Der Maler schaut ehrfürchtig auf das Zusammenwirken aller natürlichen und kulturellen Kräfte – und ist zutiefst beunruhigt über das, was er in den letzten Jahren feststellt, wenn er durch die Felder und durch den Wald spaziert. Eine einzige Lerche hört er dort trällern, wo vor fünf Jahren noch dreißig sangen. Wenige Schwalben segeln durch die Luft, wo er früher mit einem Blick wusste, wie das Wetter werden wird, wenn er auf die vielen schaute, ob sie hoch oder tief fliegen. Vor zehn Jahren säumten noch tausende Spitzwegerich-Gräser die Wege – heute muss er die vereinzelten Büschchen suchen. Auf den größeren Straßen kann er sowieso nicht mehr zu Fuß gehen – es ist zu gefährlich. Dass Kinder auf einer Dorfstraße oder auf einem Stadtplatz ohne Aufsicht von Oma oder Opa noch zu sehen seien und gar noch Fußball spielen, wie wir das vor siebzig Jahren noch taten, ist absolut unmöglich. Wo sind die Massen von Kindern, die nach der Schule aus den Schulen strömen in die freie Zeit? Auch die Kulturlandschaft schränkt uns in vielem ein.

Und die Natur? Wir müssen sie als Königsgabe pflegen. Sie ist die Basis aller Lebenskräfte. Seien wir uns neu bewusst: Wir Menschen sind ein Teil dieser Natur und leben in den Räumen dieser Landschaft. Eingebunden ist hier auch unsere künstlich-technische Welt, die es uns ermöglicht, das Leben bequemer zu gestalten. Doch ist diese auch eine Gefahr. Sie lässt uns die Natur vergessen. Im Smartphone holt sich ein Primaner in Sekundenschnelle Informationen über einen Baum im Wald. Er meint, damit den Baum zu kennen. Aber er hat eine sehr reduzierte Erkenntnis. Er riecht nicht den Moosboden, in welchem dieser Baum steht, er nimmt seine Größe nicht wirklich wahr, er betastet nicht seine geaderten Blätter, er hört nicht sein Rauschen im Wind, er entdeckt nicht die unterschiedlichen Schatten, die er am Morgen, am Mittag und am Abend wirft. Die künstliche Welt der Moderne reduziert die Wahrnehmung in der Natur auf sachliche Daten und schränkt damit das assoziative Betrachten und im Letzten das Denken ein. Zusatzeinfälle fallen weg, der meditative Blick fehlt, der nachhaltig eins nach dem anderen entdeckt, der Symbole schaut und so große Zusammenhänge zu ahnen beginnt. Alles tendiert zu einem funktionalen Denken, das im Letzten auf Nützlichkeit und Effektivität zielt. Die wahrhaft menschlichen Bereiche werden so reduziert und überfremdet. Das schlägt schon in die Früherziehung des Kindes hinein. Eine Erzieherin im Vorkindergarten muss überlegen, so wird von ihr erwartet: Wie kann ich dem Kind Kompetenzen vermitteln, die es möglichst früh sprachfähig macht, so dass es in der Schule gut funktioniert und sich möglichst früh fach-praktisch auszudrücken lernt? Sie darf nicht darauf vertrauen, dass ein Kind im Spiel in der Natur ganz andere Dinge wahrnehmen kann, die ihm wichtigere Wirklichkeitsbereiche erschließen als die, von denen man sich langfristig Erfolg im Beruf erwartet. Hier schon zielt das Spiel auf einen in der Ferne liegenden ökonomischen Vorteil. Auch unsere Bildungsziele tendieren generell in diese Richtung. Die Modularisierung in unseren Universitäts-Studienplänen tut das Ihrige. Wozu noch alte Sprachen lernen? Wozu Geschichte betrachten? Wozu die alten Philosophen studieren? Ist das nicht nutzloses Wissen? Ja, vordergründig ist es nutzlos. Aber wenn ich in die Geschichte schaue und frage: Wer waren die großen Entdecker?, dann muss ich sagen: Nicht die eng ausgebildeten Fachleute, die genau zu wissen meinten, wie alles geht, waren die Erfinder. Es waren die breit Gebildeten, die Nicht-Angepassten, die noch in anderen Bereichen zu Hause waren und die oft gerade von dorther Inspirationen bekamen. Und dann muss ich noch ein Weiteres anfügen: „Der Mensch lebt nicht vom Brot allein" – und nicht von der Karriere und nicht von dem, was er sich leisten

V. Scheck, „Bergen in der Landschaft", 2016 –
Acryl auf Leinwand, 49 x 39 cm

kann, also nicht von seinem fiskalischen Erfolg. Wer Weisheit als ein Lebenswissen und ein Ahnen tieferer Wirklichkeiten als hohes kulturelles Gut erkennt, dem werden die unnütz erscheinenden Gedanken und Sprachen und Überlieferungen zu Quellen tiefer Einsichten. Ihm wird alles Erkennen zu einem Kulturwissen, das ihn mehr erfüllt als beruflicher Erfolg oder die Befriedung vitaler Bedürfnisse, die er sich leisten kann, wenn er viel Geld auszugeben in der Lage ist. Auch die Natur und ihre Landschaft werden ihm dann zu einem Buch der Weisheit.

So möchte ich auch die Landschaften von Viktor Scheck betrachten. Ich sehe Horizonte in leuchtenden Farben; ich sehe Räume, die in die Weite führen, ich sehe Wasser, die Lebensfülle ahnen lassen; ich sehe Himmelsgebilde, die den flüchtigen Wolken Symbolkraft geben. Die Bilder machen aufmerksam, wie schön und unausschöpflich unser Lebensraum ist. Und dann sehe ich in Bildern Anzeichen eines Öko-Vandalismus, der alles Leben vernichtet. Daneben machen mich Bilder in anderer Hinsicht nachdenklich. Sie verweisen auf Zusammenhänge, sie lassen Tieferes, ja Transzendentes ahnen. Sie zeigen, wie natürliche Gebilde und wundersame Zusammenspiele eine (nochmals) höhere Weisheit andeuten im Sinne des Paulus im Römerbrief, der vom Ewigen sagt: *„Denn sein unsichtbares Wesen, seine ewige Macht und Göttlichkeit sind seit Erschaffung der Welt an seinen Werken durch die Vernunft zu erkennen“* (Röm 1,20).

Wenn ich alles zusammen sehe, dann entdecke ich in den Landschaften von Viktor Scheck drei Tendenzen:

1. Viele Bilder zeigen, wie schön und überreich die Natur unserer Landschaft ist.
2. Zugleich geben andere kund, wie gefährdet diese Natur durch die Überbordung menschlichen Kulturschaffens – vornehmlich durch die Ökonomisierung aller Verläufe – geworden ist.
3. Und wieder andere Bilder verweisen in einen transzendenten Bereich auf eine höhere Weisheit, die allem zu Grund liegt.

In manchen Bildern nehme ich alle drei Tendenzen wahr – die Schönheit der Landschaft, das Entsetzen über die zerstörerischen Eingriffe und den Verweis auf Größeres.

Katalogbeitrag[13]

Der ungewöhnliche Titel der Ausstellung, „Kreatur und Vanitas", elektrisiert den Theologen; denn beide Begriffe erkennt er als wichtige theologische Worte und ordnet sie der Schöpfungs- und Weisheitstheologie zu. In den folgenden zwei Abschnitten seien zunächst die zentralen biblischen Schöpfungs- und Weisheitsaussagen skizziert, ehe im dritten Teil ein Kurzkommentar zur Ausstellung „Kreatur und Vanitas" versucht wird.

I. Kreatur

Der Begriff „Kreatur" gibt der Kernaussage der zweiten biblischen Schöpfungserzählung der Heiligen Schrift einen zusammenfassenden Ausdruck. Betrachten wir zunächst seine Etymologie.

1. Die Etymologie des Begriffs „Kreatur"

Kreatur leitet sich ab aus dem lateinischen *creo*, das die Bedeutung von *schaffen, erschaffen, hervorbringen* hat, was in der Substantivierung in *creator* (*Hervorbringer, Schöpfer, Urheber*) bzw. *creatrix* (*Hervorbringerin, Urheberin, Mutter*) ein aktives Wirken assoziiert, durch welches etwas bislang nicht Dagewesenes entsteht, während das verwandte Verbum *cresco* von einem aus sich selbst heraus Entstehenden spricht, das mit *wachsen*, *hervorwachsen* und *entstehen* zu übersetzen ist.[14] Kreatur meint also das Geschaffene

13 Ludwig Mödl, Kreatur und Vanitas. Wirklichkeit und Weisheit, in: Rudolf Koller, Malerei-Zeichnung-Plastik. Lebenszyklen. Im Dialog mit Kunstwerken des Domschatz-und Diözesanmuseums Eichstätt, Lindenberg 2017, S. 6–11.

14 Vgl. K. E. Georges. Kleines lateinisch-deutsches Handwörterbuch, Gotha 1884, Sp. 627–628; 629–630.

und wird im Denkhorizont des jüdisch-christlichen Glaubens mit Schöpfung, Welt und Geschöpf wiedergegeben. Seit dem 17. Jahrhundert ist der Begriff allgemein als Synonym für alles Geschaffene gebraucht, hat aber auf den Menschen angewandt gelegentlich eine negative Konnotation erhalten, wenn von einem Menschen als „Kreatur" gesprochen wird, welche eine minderwertige Person meint, die „einem Höhergestellten knechtisch ergeben ist"[15]. Für gewöhnlich werden mit Kreatur aber (ohne Wertung) alle geschaffenen Wesen und Gegenstände gemeint.

Was sie alle darstellen und wie sie zusammenhängen, wird bereits in den ältesten Schichten der Bibel reflektiert und in mythischer Bildsprache kommentiert. Was Kreatur ausmacht und wie der Mensch als Kreatur mit den übrigen Kreaturen zusammenhängt bzw. wie er mit ihnen umgehen soll, bringt die zweite Schöpfungserzählung ins Bild (Gen 2,4–3,24). Sie ist ca. 500 Jahre älter als das Schöpfungslied im ersten Kapitel der Genesis[16] und wird teilweise der sogenannten Laienquelle (frühes 9. Jahrhundert vor Christus), teilweise der zweiten Schicht des Jahwisten (spätes 9. Jahrhundert vor Christus) zugerechnet[17].

Diese ältere Schöpfungserzählung antwortet auf die Frage: Wer ist der Mensch? Und die Antwort spricht von seinem Ursprung, von der Beziehung aller Geschöpfe untereinander und von der Bedeutung des Menschen.

2. Die Erschaffung des Menschen in der biblischen Darstellung

Den Hintergrund können wir nicht so präzise angeben wie beim jüngeren Schöpfungslied, das in der Exils-Zeit entstanden sein dürfte und auf die Frage antwortet: Wer ist Gott? (Gen 1,1–2,4)[18]. Der Hintergrund des zweiten Schöpfungsberichtes dürfte jene Zeit gewesen sein, als Israel zu einem bedeutenden kulturell hochstehenden Volk geworden war. Da drängten Fremde ins Land. Man hat bereits intensive Beziehungen mit anderen

15 Duden. Herkunftswörterbuch. Die Etymologie der deutschen Sprache, Mannheim/Wien/Zürich 1963, S. 367–368.

16 Welches erst im fünften vorchristlichen Jahrhundert wohl in der Exils-Zeit entstand und der ganzen Bibel vorangestellt wurde.

17 Vgl. Otto Eisfeld, Hexateuch-Synopse. Die Erzählung der fünf Bücher Mose und des Buches Josua mit dem Anfange des Richterbuches, Darmstadt, 1962, XII. 3*.

18 Die Form des Liedes, also die poetische Ausdrucksweise, zeigt, dass es sich nicht um einen historischen Bericht handelt, sondern um eine theologische Aussage.

Völkern gepflegt, einige sogar in irgendeine Form von Abhängigkeit gebracht, sei es wirtschaftlich, sei es politisch. Dazu hat man sich als erwähltes, und zwar vom einzigen Gott erwähltes Volk erkannt und definiert. Da standen die Fragen im Raum: Wer sind wir? Und wer sind vor allem auch die anderen? Damit stand grundlegend die Frage an: Wer ist der Mensch? Und selbstverständlich erweiterte sich die Frage: Wie ist das Verhältnis zu den anderen Geschöpfen zu fassen? Die Antwort wird grundlegend gegeben mit einer erzählenden Bildgeschichte, die gleich im zweiten Kapitel der Bibel steht und von der Erschaffung des Menschen und seiner Einbettung in die Welt erzählt. Der Text lautet:

Gott, der Herr, formte den Menschen aus Erde vom Ackerboden und blies in seine Nase den Lebensatem. So wurde der Mensch zu einem lebendigen Wesen. Dann legte Gott, der Herr, in Eden, im Osten, einen Garten an und setzte dorthin den Menschen, den er geformt hatte. Gott, der Herr, ließ aus dem Ackerboden allerlei Bäume wachsen, verlockend anzusehen und mit köstlichen Früchten, in der Mitte des Gartens aber den Baum des Lebens und den Baum der Erkenntnis von Gut und Böse.

Was hier gesagt sein will, birgt – in unsere Sprachweise umgeformt – fünf Aussagen: Ich nenne sie kurz:

(1.) Der Mensch ist, wie alles andere auf der Welt, von Gott geschaffen. Wir verehren den Schöpfer von allem. Er steht hinter allem. So sind wir Menschen – wie alles andere auch – aus seiner Hand hervorgegangen. Und zwar hat er uns aus schon zuvor geschaffenem Material geformt. Das hat eine erstaunliche Konsequenz, eine ernüchternde und eine befreiende. Und das ist die zweite Aussage:

(2.) Der Mensch ist verwandt mit allen anderen geschaffenen Wesen auf der Erde, ja er ist aus dem Grundstoff der Erde geformt. Das bedeutet: Verwandt ist der Mensch nicht nur mit den Lebewesen, sondern auch mit dem Staub, den Steinen, den Felsen – und auch mit all den anderen Elementen, die es auf der Welt gibt. Er ist Kreatur wie alles andere Existierende auch.[19]

(3.) Für den Menschen aber gilt, dass ihm das Leben besonders eingehaucht wurde, er hat also – gegenüber den anderen Wesen, den Materialien,

19 Diese Aussage lässt sich gut ins Denken einer Evolution einbinden; denn dabei ist die Verwandtschaft aller Lebewesen in nochmals neuer Sprachform ausgedrückt.

den Pflanzen und Tieren – etwas Besonderes an sich. Sein Leben unterscheidet sich also in dem einen Punkt, dass ihm Gott das Leben eigens gegeben hat. Und damit hat der Mensch eine besondere Würde. Diese Würde steht jedem Menschen zu, nicht nur den erwählten Israeliten. Wie sehr der Mensch auch mit allen Wesen verwandt ist, er hat etwas Besonderes an sich, von Gott gegeben. Er darf also einen Menschen nicht behandeln wie einen Stein oder ein Kraut oder auch wie ein anderes lebendes Wesen. Alles andere wie Mineralien, Pflanzen und Tiere aber muss er auch als ihm verwandt betrachten.

(4.) Noch ein Viertes ist gesagt – und das wird meist vergessen: Eigentlich wäre der Mensch bestimmt für ein paradiesisch-schönes Leben. In den Garten Eden hat Gott den Menschen gesetzt. Und dort sollte er in Harmonie mit allen anderen Lebewesen zusammenleben. Besondere Freude bereite dem Menschen die Beziehung von Mann und Frau (vgl. Gen 2,23). Nicht mühevoll seien seine Tage ausgefüllt, alles stehe ihm zur Verfügung, alles diene ihm zum Segen. Mit Blick auf den ewigen Schöpfer sollte sein Leben paradiesisch verlaufen. Diese ursprüngliche Idee des Schöpfers wird andeutend geschildert nach den Vorstellungen, welche sich die Leute damals von einem gelingenden und gelungenen Leben machten. Die Gottesordnung bestimmt den Menschen. Und das ist die Basis seines Glückes. Diese Ordnung wird nur in Abgrenzung angegeben. Alle Früchte darfst du, Mensch, genießen. Doch da gibt es einen Vorbehalt. In zweifacher Andeutung kommt dieser ins Wort: Vom „Baum des Lebens“ oder anders gesagt vom „Baum der Erkenntnis von Gut und Böse“ darf der Mensch nicht essen. Letzteres meint: Der Mensch kann nicht die Bedingungen und Möglichkeiten des Daseins selbst bestimmen, sondern muss sich in den Rahmen des Vorgegebenen einbinden. Er ist nicht der Erstschöpfer, er darf – mit einer viel späteren Idee ausgedrückt – mitschaffen und die Welt mitgestalten wie auch sie für sich dienstbar machen – was sich schon andeutet in der Aussage, dass Gott den Menschen den Tieren Namen geben lässt, was bedeutet, dass der Mensch über sie herrschen darf und dass sie ihm dienstbar sind (vgl. Gen 2,20). Als Höhepunkt dieser geschenkten Schöpfung wird dann aus der Rippe Adams die Eva geschaffen. Beide leben in Harmonie in einer edlen Nacktheit, eng verbunden mit der übrigen Schöpfung (vgl. Gen 2,21–24).

(5.) Doch dann kommt – und das ist die fünfte Aussage über den Menschen – etwas dazwischen, das tragischerweise von den Anfängen an passiert ist und ständig passiert – und das das Dasein in die „Vanitas" führt: Der Mensch wurde und wird versucht, mehr sein zu wollen, als er ist, und er erliegt von der ersten Generation an dieser Versuchung. Davon spricht der Bibeltext wiederum mit einer Bilderzählung. Dahinter steht als Frage, die wir auch immer wieder stellen mögen: Woher kommt es, dass wir Menschen unsere Chancen verspielen und kein Paradies auf der Erde vorfinden oder erreichen, sondern der „Vanitas" verfallen? Der Text lautet:

Die Schlange war schlauer als alle Tiere des Feldes, die Gott, der Herr, gemacht hatte. Sie sagte zu der Frau: Hat Gott wirklich gesagt: Ihr dürft von keinem Baum des Gartens essen? Die Frau entgegnete der Schlange: Von den Früchten der Bäume im Garten dürfen wir essen, nur von den Früchten des Baumes, der in der Mitte des Gartens steht, hat Gott gesagt: Davon dürft ihr nicht essen, und daran dürft ihr nicht rühren, sonst werdet ihr sterben. Darauf sagte die Schlange zur Frau: Nein, ihr werdet nicht sterben. Gott weiß viel mehr. Sobald ihr davon esst, gehen euch die Augen auf; ihr werdet wie Gott und erkennt Gut und Böse. Da sah die Frau, dass es köstlich wäre, von dem Baum zu essen, dass der Baum eine Augenweide war und dazu verlockte, klug zu werden. Sie nahm von seinen Früchten und aß; sie gab auch ihrem Mann, der bei ihr war, und auch er aß. Da gingen beiden die Augen auf, und sie erkannten, dass sie nackt waren. Sie hefteten Feigenblätter zusammen und machten sich einen Schurz (Gen 3,1–7).

Diese uralte Geschichte erzählt von den ersten Menschen, meint aber alle Menschen zu allen Zeiten. Adam und Eva, das bin ich, das ist jeder und jede von uns. Die Schlange, die in den alten Kulturen als gefährliches und zugleich faszinierend-schlaues Wesen angesehen wurde, wird hier als besonders hinterhältig geschildert. Aber ausdrücklich wird festgehalten, dass Gott, der Herr, sie gemacht hat. Da sie eine gespaltene Zunge hat, wurde sie zum Symbol für zwiespältiges und damit raffiniertes Reden, das einer rein irdischen, meist erfolgreichen Sprechweise dienlich ist.

Hinterhältig fragt also die Schlange die Eva: *„Ihr dürft von keinem Baum des Gartens essen?"* Eva weist die falsche Übertreibung zurück und macht deutlich: *„Nur von dem Baum in der Mitte dürfen wir nicht essen, dies würde uns den Tod bringen."* Da streut die Schlange Misstrauen in die Seele: *„Ihr werdet nicht sterben, vielmehr werden euch, wenn ihr esst, die Augen aufgehen, und ihr werdet merken, dass ihr selbst göttlich seid. Ihr könnt dann festlegen, was für euch gut und was für euch böse ist. Dann könnt ihr die Erde erst richtig nützen und genießen. Einen Gott über euch braucht ihr nicht mehr.*

Euer Verstand genügt." Mit solchen Gedanken hat die Schlange Misstrauen gegenüber dem Schöpfer gesät. Adam und Eva beginnen, die Welt ausschließlich nach ihren eigenen Einsichten zu beurteilen und ihre Kenntnis zum obersten Maßstab zu erklären. Sie erliegen der Versuchung. Und tatsächlich gehen ihnen die Augen auf. Doch was sie sehen, ist erschreckend: Nicht weise fühlen sie sich, sondern sie stehen nackt da, armselig, unvollkommen. Sie müssen sich schämen. In der Ursprache ist hier ein Wortspiel benützt: *arum* (listig, klug) und *arom* (nackt).

So geht es seit Anfang an mit den Menschen. Wo immer ein Mensch alles nach seiner Einsicht und seinen Interessen beurteilt und bestimmt, da muss er irgendwann merken: Ich bin nackt!

Zusammenfassend zum Schöpfungstext dürfen wir also sagen: Verwandt ist der Mensch mit allem, was Gott geschaffen hat und was existiert. Ein Besonderes, d. h. eine besondere Würde, ist ihm von Anfang an mitgegeben. Eigentlich ist er fürs Paradies geschaffen. Doch er hat das Paradies verwirkt, weil er der Versuchung nachgegeben hat und immer wieder nachgibt – vor allem in dreifacher Hinsicht: Er will mehr haben, als er braucht; er will mehr sein, als er ist, und strebt deshalb nach Macht; und er will mehr Brisanz im Leben spüren und verabsolutiert seine erotischen Kräfte. Bei alledem möchte er selbst bestimmten, was seinem Leben Wert und Bedeutung gibt. Hier schließt sich, wie schon angedeutet, der zweite Begriff in der Überschrift unserer Ausstellung an: „Vanitas".

II. Vanitas

Wie im ersten Abschnitt seien wiederum zunächst die Etymologie des Begriffs und dann die biblische Zentralaussage skizziert, wie sie im Buch Kohelet, dem Prediger, vorgelegt ist.

1. Etymologie des Begriffs

vanitas ist die lateinische Wiedergabe des hebräischen *hebel*, das in der griechischen Septuaginta mit *mataiótäs* wiedergegeben ist. Hebräisch bedeutet das Wort Hauch, Nichtigkeit, Dunst (Buber-Rosenzweig). Der griechische Begriff assoziiert den Begriff personal mit einem *Verrückten, Narren, Wahnsinnigen, Albernen, Lächerlichen, Gecken* und bedeutet in einem apersonalen Sinn *Torheit, Eitelkeit, Leichtsinn, Vergeblichkeit.*[20] Die deutsche Einheitsübersetzung spricht von *Windhauch*, die Jerusalemer Bibel (Diego Arenhoevel, Alfons Deissler) von *Nichtigkeit*, die Pattloch-Bibel (Hamp-

Stenzel) – den lateinischen Wortstamm aufgreifend – von *Wahn*. Im Buch Kohelet wird über dieses Phänomen grundlegend nachgedacht.

2. Biblische Aussagen im Buch Kohelet über „vanitas"

Das Buch Kohelet ist ein Weisheitsbuch, entstanden um die Mitte des dritten Jahrhunderts vor Christus. Der unbekannte Autor ist hochgebildet. Er kennt die Kultur Israels gleichermaßen wie jene Ägyptens und die der Hellenen. Er denkt über den Kosmos, die Menschen und alle Kreaturen nach und untersucht alle menschlichen Denk- und Handlungsversuche, die den kosmischen Vorgängen wie den menschlichen Handlungen bleibenden irdischen Wert zumessen möchten. Dabei verankert er alle seine Überlegungen an zwei Wahrheiten: (1.) der Verbundenheit aller kreatürlichen Wirklichkeiten untereinander und mit dem Ewigen und (2.) der absoluten Gewissheit des Todes bzw. des Untergangs jedweder irdischer Kreatur. Er stellt fest: Wie Sonne, Wind und Wasser sich unentwegt bewegen und immer wieder Gleiches vollbringen und dennoch unweigerlich (irgendwann) vergehen, so ist auch des Menschen Auge niemals satt, und was als neu erscheint, zeichnet sich im Letzten als längst bekannt aus. Alles Menschliche ist bedingt, und der Ewige bleibt unbekannt. Viel Wissen vermehrt Beschwer. Wer sich anstrengt, die Welt zu gestalten sucht und viel an Besitz und Einfluss gewinnen möchte, bleibt in seinem Erfolg immer begrenzt und muss erfahren, dass sich am Ende alles als Windhauch entpuppt. Mag alles seine Stunde und seinen Kairos haben, das Sterben des Menschen und die Veränderungen der Umstände machen alles doch wieder zunichte. Auch die Gerechtigkeit bleibt am Ende, mag das System noch so gerecht erscheinen, unbefriedigend. Die menschliche Versuchung zur Ausbeute und Konkurrenz mögen einen Einzelnen bewegen, sich mit einem Zweiten zusammenzutun und damit effektiver ein Ziel anzustreben, die Anerkennung anderer aber ist oftmals wankelmütig, und auf die Volksgunst ist kein Verlass. Kohelet erkennt alles als unsicher und letztlich eitel. Er gibt angesichts dieser totalen Flüchtigkeit und Vergänglichkeit Ratschläge für ein gültiges Leben, die kulminieren in der Aussage: Verlass

20 Vgl. Georges, Kleines Lateinisches Wörterbuch (wie Anm. 11), Sp. 2646; C. F. Ingerslev, Lateinisch-Deutsches Schul-Wörterbuch, Braunschweig 1863, Sp. 916.

dich auf nichts Irdisches, nicht auf Nachruhm, Bildung, Tradition, Wissen, Gesetz oder ähnliche Gaben, Dinge und Gegebenheiten. *„Iss vielmehr fröhlich dein Brot und trink vergnügt deinen Wein"* (Koh 9,7). Gestalte dein Leben angenehm, nütze den Zufall und die Zeit und sei gelassen, zielstrebig mit Vertrauen auf den unbegreiflich Ewigen. Im Letzten aber gehe davon aus: Wahn oder Eitelkeit oder Windhauch, eben „vanitas", ist alles Streben nach Bleibendem hier auf Erden. Alles ist vergänglich, der Luft gleich, die sich allzeit verändert und die verweht.

Diese von Kohelet erkannte „vanitas", die nur im ersten Augenblick wie Atavismus aussieht, spricht dennoch dem Menschen eine ethische Verantwortung zu und gründet in einem Vertrauen auf den Ewigen, von dem her alles kommt und auf den hin alles zielt. Alles ist von Gott her zu deuten. Und alles, was in der Geschichte geschieht, ist in seinem Innersten mit ihm zusammenzudenken. (Und so wird auch das Vergängliche sinnvoll.)

„vanitas" ist also alles menschliche Denken und Handeln, in gesteigerter Weise dann, wenn es nicht den Zusammenhang mit der göttlichen Allursächlichkeit anerkennt und so tut, als könne der Mensch Bleibendes schaffen. Der wahrhaft Weise erkennt dies an und gestaltet aus dieser Erkenntnis heraus verantwortlich sein Leben. Dann vermittelt ihm die Erkenntnis der „vanitas" nicht eine Hoffnungslosigkeit, sondern eröffnet ihm eine Perspektive, neu auf den unbegreiflich Ewigen zu vertrauen.

III. Rudolf Kollers Weisheits-Kunst

Diese Grundposition scheinen mir die in der Ausstellung gezeigten Zeichnungen, Bilder und Skulpturen Rudolf Kollers auszudrücken.

Vier Grundthemen werden in der Ausstellung gezeigt, wobei die Werke Kollers in das Konzept des Diözesanmuseums hineinkomponiert werden. Die Themen lauten: „Ecce Homo" (sieh da, der Mensch!), „Frau mit Kind", „Kreuzigung" und „Tiere".

Das erste Thema greift zurück auf die biblische Notiz, die erzählt: Der Landpfleger Pontius Pilatus hat Christus, nachdem er ihn hatte geißeln lassen und die Soldaten Jesus einen Dornenkranz aufgesetzt und einen Spottmantel übergehängt hatten, dem Volk vorgeführt mit dem Kommentar: „Schaut doch dieses Häuflein Elend von einem Menschen an. Den braucht niemand mehr ernst zu nehmen, der kann kein wirklich königlicher Volksführer sein. Lasst ihn laufen, ich gebe ihn euch frei!"

Das Volk freilich wünschte sich den Verbrecher Barabbas, nicht den elend zugerichteten Jesus. Selbst der göttliche Mensch ist ein Haufen Elend, so wird Jesus von Pilatus vorgezeigt, und Vergleichbares vermittelt uns die Ausstellung.

Kollers Objekte werden kombiniert mit traditionellen „Ecce homo"-Darstellungen, dem gefesselten Jesus, Jesus vor Pilatus, dem Erbärmde-Christus, Jesus in der Rast und der Totenerweckung des Lazarus. Kollers Bilder und Plastiken stehen daneben und zeigen hauptsächlich alte Menschen, vornehmlich Frauen, die sitzend, zusammengekauert, traurig oder mit vielen anderen Zeichen von Hinfälligkeit die „Vanitas!" der menschlichen

R. Koller, „Sitzende alte Frau" (Fassung II), 1983 – Bronze

R. Koller, *„Das verhüllte Kreuz", 1981 – Bronze, 200 x 85 cm*

Kreatur dokumentieren. Nichts ist geschönt. Keine Anzeichen von Altersweisheit tun sich auf, wie dies seit der Antike oftmals alten Menschen zugewiesen wurde.[21] Die Hinfälligkeit des Daseins soll gerade an den alten und hinfälligen Frauen demonstriert werden. Die „Vanitas" ist Tatsache! Gerade Frauen, die in Schwangerschaft und Muttersorge ein beginnendes Leben hegen und pflegen, müssen oft lange die Hinfälligkeit des Lebens ertragen, die eine wird apathisch, eine andere gleichmütig, wieder eine andere resignativ und nochmals eine andere erträgt ihr Dasein in gelassener Hoffnung. „Ecce Homo" zeigt überdeutlich die „Vanitas" der menschlichen Kreatur.

Das zweite Thema, „Frau mit Kind" betont das beginnende Leben, das nach der Zeugung in der Schwangerschaft Mühsal bedeutet und in der

21 Vgl. Hans Schilling, Der Menschen Schönheit Ende, München 1997.

Pflege eines hilflosen Babys und eines heranwachsenden Kindes Sorgfalt und Zuwendung beansprucht. Die menschliche Kreatur wächst heran, trägt in sich aber schon den Keim des Untergangs, ist ein „Sein zum Tode" (Martin Heidegger). Nicht in schön empfundenen Formen werden diese Objekte vorgestellt, sondern in ihrer Beschwerlichkeit und belastenden Realität.

Das dritte Thema, „Kreuzigung", zeigt neben den historischen Museumsobjekten Plastiken und Zeichnungen Entwürfe Kollers. Besonders beeindruckend ist ein Christus-Torso, der durch die weggelassenen Hände und Füße ein Schweben assoziiert und so ein hoffnungsvolles Sterben ausdrückt. Einige Zeichnungen lassen den Gekreuzigten wie einen Embryo zusammengekauert am Kreuz hängen, andere drücken das Schmerzvolle dieses Sterbens aus, wieder andere ein würdevolles Ertragen. Auch das göttliche Wort, wie wir Christen von Jesus glauben, muss die „Vanitas" erfahren im Schmerz und im Sterben.

R. Koller, Tierstudie „Schafe", 1994, 30 x 24 cm

Das vierte Thema „Tiere“ zeigt, dass die dem Menschen verwandte lebendige Kreatur gleichermaßen wie der Mensch dem Untergang und damit der „Vanitas“ unterworfen ist, und zwar im Gegensatz zum Menschen, unbewusst. Zeichnungen von Welpen oder anderen Frischgeborenen, von einem treuherzig blickenden, aber offensichtlich kranken Hund, von Rindern, Schafen, Mäusen, Fledermäusen und anderen Tieren zeigen gleichermaßen wie einige Plastiken die unaufhaltsame Bewegung von einem Anfang zu einem Ende, vom Wachsen und Abnehmen, vom Werden und Sterben. Auch das frisch ins Leben Gekommene wird nicht in hoffnungsvoller Unbeschwertheit vorgestellt, sondern in seiner grundlegenden Todverfallenheit. Der Kreatur ist das Sterben von Anfang an mitgegeben.

Schluss

Die Ausstellung zeigt ungeschminkt und ohne Pathos die Wirklichkeit des Vergänglichen. Und doch lässt sie den Betrachter nicht hilflos zurück. Schon der Rahmen des Diözesanmuseums mit den vielen den Glauben darstellenden Objekten weist auf die christliche Option einer Auferstehung ins Zeitlose hin. Auch die Plastiken und Bilder Kollers selbst erzeugen in den Beschauern nicht eine Trostlosigkeit und Trauer, sondern eher ein vages Hoffen; denn die genaue Beobachtung des Künstlers von Körperhaltung, Gestik, Mimik, Stimmungskundgabe und anderen Details lässt spüren, dass auch im Absterben und der Hinfälligkeit (aktuell) noch Leben steckt, dem volle Würde zukommt. Die Schlachthofbilder zeigen, dass die geschlachteten Tiere, also die tote Kreatur, den Menschen und auch Tieren, also der lebenden Kreatur, zur Nahrung dienen. Und die langsam verlöschenden Menschen sagen dem Nachdenkenden: Sie alle haben etwas hinterlassen, das den Nachfolgenden helfen mag, und wenn es nur die Erinnerung an sie sein sollte, die im Gedächtnis der Lebenden zum Ideenspender werden kann.

So können wir die im Eichstätter Diözesanmuseum ausgestellten Werke von Rudolf Koller als einen Bildkommentar zum Buch des biblischen Weisheitslehrers und Predigers Kohelet betrachten.

Himmelwärts

Ausstellung von Franz Hämmerle
vom 27.04. bis 21.09.2014
in St. Ottilien

Eröffnungsrede am 27. April 2014

Eine Ausstellung dürfen wir eröffnen. Sie zeigt Holz-Skulpturen unter dem Thema: „Himmelwärts". Die drei im Titel vorkommenden Begriffe sind bedenkenswert: Holz, Skulptur und Himmelwärts – dazu kommt noch der Name des Künstlers Franz Hämmerle. Erlauben Sie mir zu den vier Stichworten ein paar Bemerkungen.

Der Künstler

Beginnen wir beim Künstler. Er ist Bildhauer, Theologe und Musiker – eine seltene Kombination! Sie lässt ahnen, dass er nicht nur materialgerecht Objekte in noch nicht da gewesenen Formen kreiert, sondern in seinen Werken Rhythmus, melodische Ansätze und eine in der christlichen Tradition wurzelnde Palette von Themen bearbeitet, welche im kulturellen Gedächtnis haften und je einer neuen Form bedürfen. Figürlich und zugleich allgemein-abstrakt sprechen die Objekte mit dem Beschauer, fordern ihn auf oder gelegentlich auch heraus, sich einzulassen auf das Angedeutete, das Vorgestellte oder das visionär Gesuchte bzw. zu Suchende. Hämmerle verfällt nicht dem Trend, nur die Negativ-Folien auszuwalzen. Er zeigt Perspektiven – oder deutet sie zumindest in einer Weise an, dass Beschauer und Beschauerin in Kommunikation treten können mit dem Kunstwerk und nicht nur mit dem Gefühl weggehen: Wie brüchig ist doch die Welt, wie schön könnte sie sein, wenn die da, die verantwortlich sind, den Visionen des Künstlers politischen Raum gäben! Hämmerle ist kein Illusionist, Hämmerle sucht tieferen Wahrheiten eine Form zu geben, die aufrüttelt und bestärkt, die Ansätze in der Tradition entdeckt und zugleich über sie hinausweist.

Hämmerle arbeitet flächig in Glas und Farbe, er arbeitet aber mehrheitlich figürlich in Bronze, Stein und mit Holz, was voraussetzt, dass er modelliert. Und damit sind wir beim nächsten Stichwort, das in unserem Titel steht. Was bedeutet Holz im Zusammenhang mit Kunst?

Holz als Material für die Kunst

In unserer Ausstellung sehen wir ausschließlich Holzfiguren. Da ist zu bedenken: Holz ist nicht Holz. Die Figuren sind aus jenen drei Holzarten gefertigt, die in unseren Breiten seit Jahrhunderten als die häufigsten Materialien zur figürlichen Darstellung benutzt werden: Pappel, Eiche und vor allem Linde.

Pappel ist einer der am schnellsten wachsenden Bäume. Sie hat tiefe Wurzeln. Schon nach einem Jahr bohren sich diese bis zu 1,50 m in den Boden. So kann die Pappel dem Wind widerstehen. Auch kann sie sich nicht nur durch Samen, sondern auch vegetativ vermehren, d. h. aus einem Wurzelstück oder einem Zweig kann ein neuer Baum hervorwachsen. Und selbst wenn der sichtbare Baum ganz verbrennt, kann aus den Wurzeln alles neu erstehen. Ein einzelner Baum kann 100 bis 200 Jahre alt werden, kann sich aber durch vegetative Vermehrung bis zu 1000 Jahren regenerieren. Zwar spreißelt das Holz beim Schnitzen, aber großflächig ist es gut bearbeitbar. Die Holzfarbe ist meist weißlich, ins Steingrau tendierend.

Auch die Eiche wächst relativ schnell, je nach Sorte und nach Umständen, sie kann aber auch ganz langsam wachsen. Das Holz ist härter als jenes der Pappel und hat, je nach Sorte, eine etwas dunklere Farbe.

Das eigentliche Schnitzholz ist das Lindenholz. In unseren Breiten taucht es in zwei Sorten auf, der Sommer- und der Winterlinde. Bis zu 1000 Jahre kann eine Linde alt werden. Da sich im Inneren (wie bei anderen Bäumen) aus den abgestorbenen Gefäßen kein fester Kern ausbildet, ist dieser, wenn der Baum in die Jahre kommt, oftmals hohl. Es bilden sich aber Luftwurzeln, die nach unten in die Erde hinein wachsen und den Baum damit stabilisieren. Gerade die Sommerlinde spielte in unserer Kultur vor allem auf den Dörfern eine große Rolle, war sie doch oft ein kommunikativer Mittelpunkt im Dorfzentrum. Im Mittelalter sprach man vom „Heiligenholz", da dieses Material gehäuft für Sakralkunst verwendet wurde. Die Kunstwerke unserer Ausstellung sind mehrheitlich aus Pappel gefertigt, zwei aus Eiche (Paulus, aufbrechen) und zwei aus Linde (der Jesusknabe bei dem Objekt Heilige Familie und eine der beiden Tanzenden).

Damit sind wir bei den Objekten, den Skulpturen.

Skulpturen

Skulptur nennt man seit dem 18. Jahrhundert eine plastische Figur. Das Wort ist vom Lateinischen *sculptura* übernommen, eine Substantivierung von *sculpere* = schnitzen, bilden, meißeln. Die Einzelthemen der ausgestellten Skulpturen wollen in je eigener Weise etwas zum Gesamtthema „Himmelwärts" beitragen.

a) Einzelfiguren

Da haben wir als erste Gruppe Figuren, die Personen darstellen: Abraham, Mose, Paulus bei seiner Bekehrung, Rhabanus Maurus, der Ackermann, der Rastende und der Kardinal. Jede dieser Figuren weist in besonderer Weise himmelwärts – oder lässt dieses hinterfragen:

Abraham, der Aufbrechende, der sich einer unsicheren Zukunft aussetzt, schaut zu den Sternen und empfängt die Verheißung: Du, der Kinderlose, wirst zu einem großen Volk werden. Du, der Landlose, wirst ein Land von Milch und Honig bekommen. Du, der Unbedeutende, wirst zum Segen für die ganze Menschheit werden.

Mose hält die Gesetzestafel, die er vom Himmel empfangen hat, in die Höhe und kündet: Leben wird, wer am himmlischen Gesetz festhält. Das bedeutet Segen. Fluch aber für den, der es missachtet.

Für Paulus ändert der Sturz vom Pferd sein Leben. Er erkennt: Die neue Lehre gibt Weltperspektiven. Der Himmel ist mit Jesus von Nazareth auf die Erde gekommen.

Hrabanus Maurus, der Mönch und große Theologe des Frühmittelalters, begreift: Frömmigkeit fördert die menschliche Kultur. Sie gibt ihr eine Seele und eine Option, die himmelwärts weist.

Der Ackermann steht drückend schwer auf den Schultern der gebeugten Erdarbeiter, den wahren Ackermännern. Er repräsentiert die Mächtigen (die Bankmagnaten), die global ein System stützen, in welchem die Reichen immer reicher werden – auf den Schultern der Armen. Ein treffendes Zitat von Frau Hämmerle: „Macht, ohne zu dienen, ist Gewalt."

Der Rastende zeigt, wie Entschleunigung den Menschen zum Ruhepol macht und ihn etwas vom himmlischen „Schalom" verkosten lässt.

Der Kardinal steht in einer Konche, breit alles ausfüllend, selbstbewusst, traditionsverhaftet, alles bestimmen wollend, Eindeutigkeit vorgebend. Mit

F. Hämmerle, „Saulus – Bekehrung", 2003 – Eiche, 380 x 130 cm

der Rechten drückt er nach unten, er setzt die Köpfe, bremst, was bestimmt gewesen wäre, himmelwärts zu fliegen. Er repräsentiert: Kirchenmacht – ohne Geistesmacht!

Figurengruppen

Die zweite Gruppe der ausgestellten Skulpturen zeigt Gruppen von Menschen: die Heilige Familie, Menschenwürde, das Jazztrio, Antiche danze und Nachfolge.

Im Bild Heilige Familie steht Joseph im Hintergrund – mit visionärem Blick, Maria schaut himmelwärts, hält die Hände noch bergend hinter dem Jesuskind, das sich entfernt. Dieses wehrt die linke schützende Hand Mariens ab und streckt die rechte in einem Gestus aus, der besagt: Ich nehme mich um alle an und erhebe auch das Untere, Niedrige.

Die große Skulptur mit dem Titel „Menschenwürde" schält aus dem unebenen Stamm Menschen in Aktion heraus. Eine Frau deklariert: Mein Bauch gehört mir! Krieg herrscht, die Devisen bestimmen die Verhältnisse, ein Richter erhebt sich über das Kreuz in der Hybris: Wir brauchen keinen Gott, wir gestalten alles selbst. Unten steht das Gegenbild: Christus wäscht einer Frau die Füße.

Eleganz und Harmonie strahlen die zwei tanzenden Frauen aus, die eine schreitet, die andere dreht sich. Schönheit bewegt das Leben, absichtsloses Sichbewegen treibt des Menschen Sinn nach oben.

Die Skulptur Nachfolge zeigt drei Bischöfe. Einer trägt einen Querbalken, eng aneinandergedrückt gehen sie. Als Text steht: Eure Worte, eure

F. Hämmerle, „Menschenwürde", 2005 – Pappel, 290 x 130 cm

Taten! Auf das Tun kommt es an, soll die Nachfolge himmelwärts zeigen.

Der Block mit dem Thema Jazztrio zeigt drei Personen, eine zupft Bassgeige, die zweite trommelt und singt dazu, die dritte spielt ein Piano. Alle drei hören intensiv auf die Töne, die Musik, die ihnen (von oben) zugeraunt wird und die sie nach oben schicken.

Skulpturen mit abstrakten Formen

Fünf Skulpturen bleiben eher abstrakt-figürlich: Umarmung, aufbrechen, das Fundament bleibt, Bestrebungen, Metamorphosen.

Ein hohler Stamm mit sich schließenden Händen und einem Kopfansatz lässt die Innigkeit einer Umarmung ahnen.

Der Titel „aufbrechen" zeigt einen weit ausgehöhlten Stamm, dessen Innenseite blutrot leuchtet. Blut und Leben, offen und weit – assoziiert ein Beschauer.

Bei „das Fundament bleibt" sehen wir einen wankenden Stamm, der einen herunterrutschenden Rauchmantel verliert, ein Symbol von feierlich-ausladender Pracht. Doch der Sockel, das Fundament, steht fest.

Der Titel „Bestrebungen" zeigt einen Stamm mit breiten Rillen, welche sich oben nach allen Seiten biegen wie in einem Übergang zu einem Gewölbe.

Die Skulptur mit dem Titel „Metamorphosen" zeigt einen glatten Stamm, dessen rindenähnliche Ummantelung sich öffnet und wie eine Präsentationshülle wirkt.

F. Hämmerle, „aufbrechen", 2003 – Pappel, 320 cm

Die Titel dieser Figuren regen uns, die Beschauer, zu Interpretationen an, die eindeutig und gleichzeitig mehrschichtig die angesprochenen Themen bedenken und befühlen lassen.

Himmelwärts

Nun bleibt noch das vierte Stichwort, der Hauptbegriff im Titel der Ausstellung: „himmelwärts" – ein Adjektiv. Himmelwärts möchten die Figuren unseren Sinn lenken. Himmelwärts heißt zunächst: nach oben schauend. Doch dort ist, das wissen wir, der Kosmos, ein unendlicher Kosmos von mehreren Milliarden Lichtjahren. Eine Ahnung bekommen wir, wenn wir bedenken: Die Sonnenstrahlen, die jetzt gerade in unsere Augen fallen, sind vor 8 1/3 Minuten abgeschickt. Und das Licht saust in der Sekunde 300.000 km. Der nächste auffällige Fixstern, der Sirius, hat sein Licht, das wir heute Abend sehen, vor acht Jahren abgeschickt. Und das Licht saust in der Sekunde 300.000 km. Der entfernteste Stern, den wir mit bloßem Auge gerade noch sehen, hat sein Licht vor einer Million Jahren abgeschickt. Und das Licht saust in der Sekunde 300.000 km. Und die entferntesten Galaxien, von denen wir wissen, haben ihr Licht, das heute Abend in den Sternwarten wahrnehmbar ist, vor mehr als 1,3 Milliarden Jahren abgeschickt. Und dieses Licht saust in der Sekunde 300.000 km. Ein ungeheurer Raum – der Kosmos-Raum, der Himmelsraum.

Doch mit „himmelwärts" meinen wir noch etwas anderes, Tieferes, für das uns der Himmelsraum nur Bild ist. Es ist der Bereich des

Göttlichen, der alles durchwirkt, der allem einen tieferen Sinn gibt, der zukunftweisend und überräumlich und überzeitlich ist, uns unvorstellbar, nur in Bildern erahnbar, nicht aber adäquat beschreibbar. Es ist die Existenz hinter der Existenz, der göttliche Raum, das göttliche Reich. Himmelwärts heißt dann: tiefsinnig, absolut-existierend, allgültig.

F. Hämmerle, „Himmelwärts" (Mose), 1985 – Pappel, 490 cm (Plakat)

Ich denke himmelwärts, wenn ich mir bewusst mache: Mein Leben geschieht unter den Augen des Ewigen. Er hat mich als sein Bild in die Welt hereingeschaffen, ich darf seine Schöpfung mitgestalten, ich darf „mitschaffen", ja ich darf Neues schaffen, was bisher in dieser Weise noch nicht da gewesen ist – das versucht vornehmlich der Künstler. Wenn immer auch das, was ich schaffe hier auf der Welt, unabdingbar wieder untergeht – Holz vermodert, Ton verhallt, Stein zerbröselt oder zerplatzt –, es gilt: Das neu Geschaffene bleibt in den Gedanken des Ewigen als eine Neuschöpfung, die mit Hilfe der geschaffenen Vorgaben neu geformt ist. Und als diese Neuschöpfung spielt dann alles, was ich gültig denke, rede und gestalte, eine bleibende Rolle in der Neuen Schöpfung, im bleibenden Zustand des Reiches Gottes. Das meint „himmelwärts" – gültig und bleibend, nicht mehr eingeengt durch Raum und Zeit, unwahrscheinlich und doch denkbar. Da alles Denkbare schon hier wirklich werden kann, dürfen wir annehmen, dass unser „Darüber-hinaus-Denken" auch einer Wirklichkeitsweise entspreche.

Scherenschnitte und Druckgraphik

Ausstellung über Melchior Grossek
vom 18.04. bis 30.06.2013
im Diözesanmuseum in Eichstätt

Vortrag anlässlich der Ausstellung am 17. April 2013

Kunst und Spiritualität im schöpferischen Dialog[22]

Melchior Grossek (1889–1967) war Priester und Künstler. Skeptisch betrachten manche diese Kombination. Priester ist ein Mann der Kirche. Er muss das Evangelium verkünden im Einklang mit dem kirchlichen Lehramt, muss sich an die Normen des Katholischen halten und leitet – besonders als Pfarrer – eine christliche Gemeinde, die, wie es zumindest den Anschein hat, nicht gerade innovativ in einer Gesellschaft wirken kann. Ein Künstler hingegen ist ein Mann der Überraschungen. Er schafft autonom Werke, die Neues darstellen, was es bislang nicht gegeben hat. Nicht von Auftraggebern lässt er sich bestimmen, auch nicht von kirchlichen Inhalten. Er gestaltet mit Hilfe von Materialien Objekte, welche Botschaften aussenden, die anders klingen als das bisher Bekannte. Neu sollen die Betrachter des Werkes eine Wirklichkeit sehen, aufgehen soll ihnen etwas von tieferen Schichten des Daseins.

Wie kann ein Priester, solidarisch seinem Auftrag als Mann der Kirche, zugleich Künstler sein, der autonom Werke schafft, welche den Menschen neue Welten eröffnen?

Eine erste Antwort, so scheint mir, gibt uns die Geschichte der Kunst bzw. des künstlerischen Schaffens generell. Kunst war über Jahrhunderte hinweg religiös dominiert und tendiert auch gegenwärtig zu religiösen

22 Der Text des Vortrags ist mit leichten Änderungen abgedruckt im Katalog zur Ausstellung: Ludwig Mödl, Melchior Grossek – Priester und Künstler. Kunst und Spiritualität im schöpferischen Dialog, in: Domschatz- und Diözesanmuseum Eichstätt (Hrsg.), Michael Grossek (1889–1967). Priester und Künstler. Scherenschnitte und Druckgraphik, Eichstätt 2013, S. 23–36.

Themen, wenn immer sie die Tiefenschichten des Menschen und des Daseins treffen will; denn diese sind im Letzten religiös. Von dieser These ausgehend scheint es mir reizvoll, zunächst grundsätzlich die Rezeption von religiöser Kunst und ihre Vermittlung zu skizzieren, um so auch Grosseks Werk besser zu verstehen, das einen Dialog zwischen Kunst und Religion bzw. zwischen Kunstwerken und Spiritualität zu initiieren sucht.

I. Das Bild als Träger religiöser Botschaften – von den Frühzeiten des Christentums an

1. Bild und Glaube von den Anfängen an

Die Christen haben von Anfang an das Götterbild abgelehnt, da sie das jüdische Bilderverbot auch für sich als verpflichtend erachteten.[23] Auch dem Kaiserbild bezeugten sie keine besondere Verehrung, da sie der Staatsmacht keinerlei göttlichen Charakter zusprachen. Die beiden anderen im Altertum bekannten Bildformen hingegen, das Totenporträt und das erzählende Bild, dürfen wir schon relativ früh im christlichen Umfeld vermuten, wobei die Memoria an die Gestalt Christi zunächst verfremdend in bekannte Bildmuster eingebettet wurde, die metaphorischen Charakter haben, wie z. B. der Gute Hirt oder eine Herkulesgestalt oder das Fisch-Symbol. Mit dem erzählenden Bild haben die Christen sehr wahrscheinlich schon sehr früh keine Mühe gehabt.

---

23 In der Spätantike kennen wir vier Kategorien von Bildern: das Götterbild, das Kaiserbild, das Totenbild und das erzählende Bild. Das Götterbild wird verstanden als Repräsentanz einer Gottheit, die anwesend ist, solange das Bild da ist. In abgewandelter Weise gilt dies für das Kaiserbild, insofern es den Kaiser als den Repräsentanten der politischen Macht wiedergibt, weswegen dem Bild in dem Maß Respekt gezollt werden muss, in welchem ihn die Staatsrepräsentanz einfordert. Anders verhält es sich beim Ahnen- oder Totenbild: Es will in erster Linie erinnern. Indem der Beschauer das Porträt sieht, kommt ihm in den Sinn, was der Dargestellte für ihn bedeutet hat und noch bedeutet. Das erzählende Bild inszeniert vergangene Ereignisse oder Geschichten, die unter irgendeiner Hinsicht für die Beschauer bedeutsam sind. Es transferiert also vergangene Ereignisse oder Erfindungen in die Gegenwart und gestaltet damit für diese Gegenwart etwas neu.

24 G. Lange, Bild und Wort. Die katechetischen Funktionen des Bildes in der griechischen Theologie des sechsten bis neunten Jahrhunderts, Würzburg 1968, S. 88. Ob die weitergehende These Langes, dass „der Bilderkult … aus der Volksfrömmigkeit (stammt), die, je mehr sich die christologischen Probleme verfeinerten, dazu neigte, die religiösen Probleme des Alltags im Umgang mit den Heiligen zu lösen, und die, je stärker die Gottheit Jesu gefeiert wurde, zur Lebensgestaltung auf die Heiligen als Vorbild zurückgriff", wage ich zu bezweifeln.

Der christliche Bilderkult scheint beim Totenbild begonnen zu haben, und zwar mit den Bildern von Heiligen. *Günter Lange* meint: „So wenig wir über Bilder aus der vorikonoklastischen Zeit wissen – die Heiligenbilder dürften an Zahl bei weitem die repräsentativen Christusbilder oder die szenischen Bilder aus dem Leben Jesu übertroffen haben.“[24]

Es geht dabei um die Memoria. Indem ein Mensch das Bild anschaut, erinnert er sich an den, den das Bild darstellt, und an seine Bedeutung für ihn oder für die ganze Gemeinde. Beginnend mit *Basilius dem Große* begründen mehrere Väter – gegen Bildergegner, die es unter den Theologen immer gab –, dass auch Christus dargestellt werden darf, da er wahrhaft Mensch geworden ist.[25] Wohl kann und darf das Göttliche nicht ins Bild gebracht werden. Das Menschliche aber lässt sich bildlich darstellen. Und so kann eine Christusikone als Abbild der „Ikone Gottes“, als welche das Mensch gewordene Wort Gottes angesehen werden darf, verehrt werden. Die Form der Verehrung muss freilich klarstellen, dass nicht das Bild göttlichen Charakter hat, sondern dass es nur auf Christus und seine Allgegenwärtigkeit hinweist.[26] So ist also auch die Christusikone zunächst ein Erinnerungsbild besonderer Art. Das Gleiche gilt für die erzählenden Bilder. Sie erinnern an vergangene Ereignisse, die für die Gegenwart bedeutend sind.

So entwickeln sich in der christlichen Bildgeschichte zwei unterschiedliche Bildtypen heraus, welche religiöse Wirklichkeiten je anders vermitteln möchten: die Ikone als Kultbild und die Historia als eine ins Bild gebrachte religiöse Erinnerung mit Botschafts- und Deutungscharakter. Die Ikone sucht das Wesentliche einer Gestalt oder eines Ereignisses festzuhalten – zieht es ins Zeitlose. Das erzählende Bild bringt einen Vorgang vors gegenwärtige Auge und stellt oftmals etwas Typisches dar mit erzählender oder hinweisender Absicht.

2. Die religiöse Bildsprache in der „Zeit der Kunst“[27]

Grundlegend ändert sich die Sprache der Bilder mit der Renaissance im 15. Jahrhundert. Dahinter steht wohl ein verändertes Lebensgefühl, das wir

25 Vgl. ebd.

26 Vgl. ebd., S. 106-140.

27 Vgl. H. Belting, Bild und Kult, Eine Geschichte des Bildes vor dem Zeitalter der Kunst, München [5]1991, S. 11–27.

gewöhnlich mit dem Hervortreten des Subjektes bezeichnen. Die Kunst ist einer der beredtesten Ausdrücke dafür. Und was sich in weiterem Rahmen in der Reformation zeigt, ist im kirchlichen Umfeld nicht nur eine theologisch motivierte Verdrängung der Bilder zugunsten des Wortes, sondern drückt – wie ich meine – eine neue Lebenseinstellung aus, innerhalb derer die Bilder einen anderen Rang einnehmen.

Nicht nur dass sich die Themen ändern und die Stilformen Maß nehmen am natürlich Vorgegebenen, der entscheidende Wandel in der Renaissance liegt darin, dass mit Hilfe der bildenden Kunst ein Mensch aus sich heraus etwas Neues schaffen und so die Vorgaben nach seinem Willen verändern will. Die Person des Künstlers rückt in den Vordergrund und damit auch die Gestaltung eines Themas nach seinen souveränen Vorstellungen. Und was er kundgibt in seinem Werk, das beansprucht ein Gebilde der Kunst zu sein. Galt bis dahin: „Das Dargestellte sollte darin (im Werk) mehr Anteil haben als der Maler der Tafel“[28], so gilt in der Folgezeit bis heute herauf: Der Künstler schafft ein Bild aus seiner inneren Idee, aus seiner Phantasie. Zwischen Nachahmung des Vorgegebenen und innerem Gestaltungswillen entfaltet sich das Verständnis vom Bild als Werk des Künstlers. Und damit ist es in erster Linie Kunst. Doch in ihr stellt sich der Künstler selber dar. Damit ist eine Abbildung nicht mehr wörtlich zu verstehen. Ein Porträt ist nicht eine Wiedergabe des anderen oder seine Repräsentanz. Es stellt vielmehr jemanden dar in einer Weise, wie der Künstler ihn sieht. Das Kunstwerk gibt nicht eine Vorgabe wieder, sondern interpretiert sie, ja macht aus ihr etwas, schafft sie neu. Damit fordert sie den Betrachter auf, „die künstlerische Idee im Werk zu suchen“[29].

Der Künstler wird zum Sprecher einer Botschaft, und zwar seiner Botschaft. Diese ist ihm aber nur in Elementen vorgegeben. Ihre Wahrheit kommt erst durch sein Wirken zustande. Er nimmt, was er vorfindet, und kennt es nur als Material, um damit etwas auszusagen und diese Aussage in ein Bild zu gießen. Dieses wendet sich an einen Beschauer bzw. eine Beschauerin. Deren Blick und deren Vorwissen nehmen das Gestaltete auf. Doch werden sie sich nicht nur erinnern und erzählen lassen, was sie schon

28 Ebd., S. 23.
29 Ebd., S. 526.

wussten, sondern das Bild erzählt ihnen Neues, vom Künstler Geschaffenes. Damit ist das Bild nicht mehr Träger einer allgemein übermittelten Wirklichkeit, es ist keine Ikone und auch kein reines Erzählmedium mehr, auch keine Bildschrift für einen theologischen Verkündigungstext, sondern es ist ein künstlerisches Gebilde, ein Kunstwerk. Es schafft eine bislang nicht vorhandene Wirklichkeit oder vermittelt eine bislang nicht in dieser Weise ausgesagte Wahrheit.

Nun kann es sein, dass die alten Inhalte der Bilder durchaus herüberzitiert werden – wir haben ja noch unzählige theologische Themen in der Renaissance und im Barock, bei denen ikonographische Typologien oder Darstellungsformen zurückgreifen auf alte Formen. Doch kommen diese Themen durch die Vermittlung des Künstlers zustande, was oftmals dadurch geschieht, dass ein alter Bildinhalt inszeniert wird.

So werden z. B. Ikonen in einen neuen Bildzusammenhang gestellt. Das trifft schon auf Bilder der späten Gotik zu. Vergleichen wir die vielen Darstellungen des Schweißtuches der Veronika. Hier wird eine Christusikone inszeniert. Das Bild Christi (als „verum eikon") ist abgebildet auf dem Schweißtuch. Damit wird die Ikone durch eine legendäre Erzählung vermittelt, welche wiederum der Künstler inszeniert.

Nehmen wir als Beispiel Hans Memlings Veronika (vgl. z. B. H. Memling, Veronika, 1438/Washington, National Gallery of Art): Veronika sitzt in einer Landschaft mit einer zeitgenössischen Stadt im Hintergrund. Sie ist eine junge Frau, die dem Schönheitsideal der Zeit nahekommt, elegant gekleidet, harmonisch in Würde dasitzend; sie hält das Schweißtuch mit dem Bild Christi. Der Christuskopf auf dem Tuch ist ein Bild. Der Maler „kennt Christus nur im Bild, aber nicht als Person und kann also nur ein Bild abbilden"[30], so sagt Belting von dieser Darstellung. Im Bild geht es aber auch noch um ganz anderes: Der Maler zeigt eine harmonische Landschaft, in der die Kultur einer Stadt krönend ihren Platz hat. Eine anmutige weibliche Figur mit einem Kleid, dessen Faltenwurf den ganzen Vordergrund ausfüllt und der zeitgenössischen Mode eine Anschauung für schöne Verhüllung vorführt. Das Bild ist ein ästhetischer Genuss. Die alte Ikone ist hineinkomponiert als Bild im Bilde. Das Andachtsbild als Ganzes

30 Ebd., S. 478.

hat damit mehr Bereiche, die nicht zur Andacht gehören, angesprochen als solche für die Andacht. „Die alte Ikone ist in dem neuen Gemälde wie eine kostbare Erinnerung aufbewahrt.“[31]

Noch deutlicher zeigen diese Ästhetisierung des Religiösen die barocken Inszenierungen. So haben wir z. B. in dem Rubensaltar der Chiesa Nuova in Rom eine alte Marienikone in einen sehr sinnenfreudigen Rahmen einkomponiert. Die Ikone ist noch da, aber nur als ehrwürdiges altes Erinnerungsstück. Das Drumherum kennt ganz andere Themen, auch wenn es sich nur ausgibt als Rahmen.[32] Es gibt also auch in der Zeit der Kunst noch die Ikone – aber als Bild im Bild. Ein Erzählbild inszeniert die Ikone.[33]

Nach diesen Überlegungen ist zu fragen, wie wir denn nun die Schätze überkommener Bilder mit religiösen Themen für heute zum Sprechen bringen könnten und sie möglicherweise für die Verkündigung fruchtbar machen. Anleihen aus der Kunstwissenschaft können uns helfen.

II. Interpretationshilfen für die überkommene und gegenwärtige „Kunst“

Die Kunstgeschichte kennt Methoden, die wir als Theologen benützen können, um die spirituellen Aspekte der Kunstwerke zu finden, die in der religiösen Kunst durchaus intendiert sind. Besonders hilfreich scheinen mir die ikonographisch-ikonologische Betrachtungsweise, eine kunstgeschichtliche Hermeneutik und die Rezeptionsästhetik zu sein.[34]

1. Die Ikonographisch-ikonologische Interpretationsmethode hat Interesse am Inhalt. Deshalb ist sie unserem theologischen Interesse nahe. Zugleich stellt sie ein Kunstwerk in einen historischen Kontext und transferiert ihn in die Gegenwart. Das entspricht wiederum unserem Anliegen; denn wir möchten auch die vergangene Sprachform eines Werkes so deuten, dass es seinen Inhalt für heute vermittelt. Grob gerastert können wir – nach

31 Ebd., S. 480.

32 Vgl. ebd., S. 542–543.

33 Dies erklärt auch, warum es schwerfällt, Renaissance- oder Barockbilder bei Bildmeditationen einzusetzen. Sie geben ihren Inhalt schon vermittelt wieder, und eine Vermittlung der Vermittlung ist besonders schwierig.

34 Ich übergehe die formanalytischen und formgeschichtlichen Methoden, da sie uns nur teilweise behilflich sein würden.

Erwin Panofsky[35] – diese Methode folgendermaßen skizzieren: Wir nehmen eine dreifache Stufung des Anschauens vor: „Von der vorikonographischen Beschreibung über die ikonographische Analyse zur ikonologischen Interpretation“[36]. In der ersten Stufe stellt der Interpret fest, was er sieht, und beschreibt dies (*Phänomensinn*). Sodann spricht er aus, was er über den Inhalt und das Dargestellte durch die Ikonographie und von anderen Quellen weiß (*Bedeutungssinn*). In einer dritten Stufe sucht er das Intendierte und die tiefere Bedeutung des Gezeigten herauszufinden (*Wesenssinn*).

Bereits bei der Bestimmung des Bedeutungssinnes wird das ganze Wissen über die Zeit der Entstehung, über die Interessen des Künstlers und jene seiner Auftraggeber sowie die Sehweisen der Erstbetrachter eine Rolle spielen. Zur Bestimmung des Wesenssinnes werden in nicht geringem Maße die theologischen Implikationen von Bedeutung sein. Hier sollen der eigentliche Inhalt, das „eigentliche Gemeinte“, der „Gehalt“ oder die „symbolischen Werte“ eines Bildwerkes erschlossen werden.[37]

Wer Werke historischer Kunst, und hier sind zunächst Bildwerke seit der Renaissance-Zeit gemeint, für heute erschließen möchte, der muss die Bedingungen und Möglichkeiten eines Künstlers und seiner Auftraggeber zu eruieren verstehen und über ihren Kontext viel wissen, um das eigentlich Gemeinte in einer Weise zu erspüren, wie es den Zeitgenossen damals möglich war. Dann erst kann er es in den heutigen Kontext vermitteln. Da religiöse Werke der Frühzeit und des Mittelalters, also der Zeit „vor der Kunst“, sich anders verstanden haben und – soweit wir wissen – immer einen höheren, d. h. spirituellen Sinn vermitteln wollten, muss ein heutiger Interpret diesen aus theologischen Ideen heraus zu eruieren und zu vermitteln verstehen – gemäß einem Interpretationsmodell, wie ein ottonischer Codex es formuliert: „Hoc visibile imaginatum figurat illud invisibile verum, cuius splendor penetrat mundum“ („Dieses sichtbare Bild formt jenes unsichtbar Wahre, dessen Glanz die Welt durchdringt“)[38].

35 E. Panofsky, Aufsätze zu Grundfragen der Kunstwissenschaft (zusammengestellt und herausgegeben von H. Oberer und E. Verheugen), Berlin 1964, S. 85–97.

36 J. K. Eberlein, Inhalt und Gehalt: Die ikonographisch-ikonologische Methode, in: H. Belting u. a., Kunstgeschichte. Eine Einführung, Berlin ^{4}1992, S. 173.

37 vgl. ebd., S. 175.

38 zitiert nach ebd., S. 177; es handelt sich um den Hitda-Codex in Darmstadt.

2. Hermeneutischer Ansatz: Das eben Gesagte greift bereits hermeneutische Fragestellungen auf, bringt sie aber noch nicht in eine reflektierte Gesamtschau, was (in der Kunstgeschichte) die Methode der *hermeneutischen Bildinterpretation* versucht. Eine ausdrückliche Hermeneutik der Bildinterpretation befasst sich – eine Abstraktionsstufe mehr – mit der Theorie der Interpretation, mit Auslegungsmethoden und mit der Praxis des Interpretierens. Dabei kann man verschiedene Fragestellungen unterscheiden: Man kann (1.) ein Werk als ein Dokument der Biographie des Künstlers verstehen und deuten; man kann es (2.) als Ausdruck ideengeschichtlicher oder sonst wie gearteter kontextueller Gegebenheiten deuten (Ikonologie) und man kann es (3.) in sich selbst belassen und zu deuten suchen, wie formale und inhaltliche Momente ineinanderspielen (was aber nicht als Rückzug auf die unmittelbare und naive Anschauung sich beschränken darf). „Die unwissende Anschauung ist blind wie das unschuldige Auge."[39]

Nun versuchen Kunsthistoriker, die hermeneutischen Reflexionen in eine Interpretationsmethode umzumünzen. Sie sagen ungefähr Folgendes: Zur Auslegung brauchen wir die Sprache; d. h. das interpretierende Subjekt formt das Gesehene und Empfundene bzw. Erkannte in das Medium der Sprache um. Dazu braucht es zunächst eine besondere Weise des Anschauens. Ein Interpret muss sich von der vorläufigen Wahrnehmung befreien und die Selbstverständlichkeiten weglassen. Gewöhnlich kommt ein tieferes Einsehen erst dadurch zustande, dass etwas unverständlich oder problematisch wird. *Oskar Bätschmann* meint: „Verstehen und Interpretieren werden erst möglich und notwendig durch den Funktionsverlust der Werke."[40] Erst wenn ein Objekt aus seinem praktischen Gebrauch genommen wird, kann es für tiefere Aussagen stehen. Solange ein Ding (z. B. Stuhl) in Gebrauch ist, versteht er sich aus der Funktion. Erst wenn er im Museum steht als Schauobjekt, bedarf er der Interpretation. Und dort, wo Unverständnis angesprochen wird, beginnt der Verstehensprozess. Dann wird eine Analyse folgen, die zerlegt und unterschiedliche Aspekte beachtet, sowohl formale als auch inhaltliche. Da wird eruiert, ob sich das Bild auf einen Text bezieht oder auf andere bildliche Darstellungen, welche Stellung das Bild im

39 O. Bätschmann, Anleitung zur Interpretation: Kunstgeschichtliche Hermeneutik, in: H. Belting u.a. (Hrg.), Kunstgeschichte. Eine Einführung, (wie Anm. 36), S. 193.
40 Ebd., S. 195.

Gesamtwerk des Künstlers hat, welchen Platz es in der Rezeptionsgeschichte eines Themas oder einer Bildgattung einnimmt, welche Beziehung zum Auftraggeber oder zu den Erstbeschauern besteht u. Ä. Daraus erwachsen Hypothesen, was das Bild bedeuten könnte. Und diese müssen so weit wie möglich rational begründet werden.

Die hermeneutische Fragestellung zur Bildbetrachtung kommt, wie wir hier sehen, auf ähnliche Aspekte wie die ikonographisch-ikonologische, bringt das Erkannte aber in eine literarische Form, welche die „cognitio sensitiva" (ein schauendes Erkennen) ersetzt durch rationale Operationen oder Deduktionen. Eine nochmals andere Vorgehensweise, ein Bild zu enträtseln bzw. zu verstehen, schlägt der Rezeptionsästhetische Ansatz vor.

3. Der Rezeptionsästhetische Ansatz von Interpretation[41] geht von der Idee aus, dass ein Kunstwerk „auf aktive Ergänzung durch den Betrachter angelegt ist, dass also ein Dialog der Partner stattfindet"[42]. Die Rezeptionsästhetik „ist auf der Suche nach dem *impliziten Betrachter*, nach der Betrachterfunktion im Werk"[43]. Jedes Kunstwerk, so der Ausgangspunkt, ist auf Kommunikation angelegt. Der heutige Betrachter muss deshalb erkennen, mit welchen Elementen das Kunstwerk in Kontakt treten will, er muss dieses im sozialgeschichtlichen Kontext lesen können, und er muss die eigentlich ästhetische Aussage erschmecken. Dabei muss sich der Betrachter den Künstler in gleicher Weise „denken", wie dieser sich seinen Betrachter „denken" musste. Beide aber stehen in einem kulturellen Umfeld. Und das Werk weiß sich auch in einen Kontext gestellt. So gelten die ursprünglichen Rezeptionsbedingungen. Sie sind für die heutige Deutung konstitutiv. Aber der Betrachter muss gleichzeitig bedenken, dass er auch in einem Kontext steht, der die Deutung beeinflusst. Beide Kontexte müssen ihren gemeinsamen Bezugsrahmen finden; sie müssen die sozialen

41 Sie sucht nicht die Frage der Rezeptionsgeschichte zu verhandeln, also wie z. B. ein Bild aufgenommen wurde (schriftliche oder mündliche Reaktionen), wie es die Kunstgeschichte oder den Geschmack beeinflusst hat oder wo es in der Geschichte des Kunstsammelns steht. Auch ist hier nicht die Rezeptionspsychologie angesprochen, die erforscht, was vorgeht zwischen der Seele des Beschauers und dem Kunstwerk.

42 W. Kemp, Kunstwerk und Betrachter: Der rezeptionsästhetische Ansatz, in: H. Belting u. a. (Hrsg.), Kunstgeschichte. Eine Einführung, (wie Anm. 36), S. 242.

43 Ebd., S. 243.

Umstände und die Bedingungen ihrer Kommunikation ansprechen und den intendierten Solidarisierungsanspruch der ästhetischen Ausdrucksformen erkennen.

Konkret muss zuerst untersucht werden, „wie die Dinge und Personen der innerbildlichen Kommunikation zueinander in Beziehung treten und dabei den Betrachter einschließen“[44]. Dann müssen jene Personen im Bild ausfindig gemacht werden, die schon direkt nach außen hin kommunizieren wollen, die den Betrachter anschauen oder ihn ins Bildgeschehen einbeziehen. Vor allem die Bildausschnitte sind auf den Betrachter hin gedacht und formieren den Kommunikationsstoff in bestimmter Weise. Klassische Hinwendung auf den Betrachter ist die Perspektive im Bild, die vom Betrachter her konzipiert ist und die diesen in jedem Fall von seinem augenblicklichen Standpunkt aus einbezieht. Als problematisches Element der Betrachterperspektive ist die *Unbestimmtheitsstelle* anzusehen. Jedes Kunstwerk ist punktuell unvollendet, dass es der Betrachter vollendet.

Diese Methode des rezeptionsgeschichtlichen Anschauens weist uns auf das Bemühen vieler zeitgenössischer Künstlerinnen und Künstler hin, die mit ihren Werken in Dialog treten wollen mit den Beschauern. Deshalb sei noch kurz als Groborientierung etwas gesagt zur Frage, wie wir, die wir bei der Verkündigung zunächst die „Redekunst“ beherrschen sollten, die zeitgenössische bildende Kunst in den Blick nehmen können, um in Dialog mit ihr zu treten und bei diesem Dialog die in den Kunstwerken möglicherweise steckenden Verkündigungselemente zu entdecken.

III. Die zeitgenössische Kunst als Sprachform des Religiösen und das Werk von Melchior Grossek

1. Zeitgenössisches und Religiöses

Wie können wir im zeitgenössischen Bild Religiöses bzw. Transzendentes wahrnehmen? Gibt es überhaupt heute Kunstwerke, die Religiöses beinhalten?

Die Kunst der gegenwärtigen Nach-Moderne will – wie schon viele Richtungen der Moderne – nicht eine Ästhetik des Schönen pflegen,

44 Ebd., S. 246.

sondern sucht zum *einen* das Wahrhaftige, d. h. ein Künstler will wahrhaftig sein in dem Sinn, dass er nicht etwas vormacht oder schönt, sondern eine wichtige oder wesentliche, bislang unbekannte Aussage in eine Form gießt bzw. in einem Material festhält, um „Erlösendes" (Adorno) anzuzeigen, und zum *anderen* etwas Wesentliches, und zwar nicht jenseits vom Material, sondern mit dessen Hilfe, ja in ihm darzustellen. Die reine Form, das Letzte, das Gestaltlose, das nicht mehr Zufällige, das Allgemeingültige, das die Subjektivität Übersteigende soll eine Form finden im Kunstwerk. Und bei diesem Bemühen vieler Künstlerinnen und Künstler gibt es eine Affinität zum Transzendenten und damit auch zum Religiösen.

Um sich an diese Ziele heranzutasten, kennen die Künstler unserer Generation verschiedene methodische Richtungen. Da gibt es die Provokation. In ihr will der Künstler sich selbst und die Beschauer hinter die verschönenden Illusionen führen, die durchaus im Gewand des Schönen, Wahren und auch Gültigen daherkommen können. Das geschieht etwa durch Übermalen (vgl. Rainers) oder durch expressive Verfremdungen (z. B. ernstnehmen von Aussagen wie Fleisch – vgl. Francis Baken, Werner Knaup) oder durch Symbolisierung als Suchen nach einer Form für das Undarstellbare (z. B. Jürgen Brodwelf: Grab, Pyramide, Thron) oder durch eine Suche nach dem Religiösen in der reinen Form (z. B. Zentrierung des Menschlichen auf das Ur-Menschliche) oder durch das Suchen des zentral Christlichen in einer neuen Allgültigkeit (z. B. Kosmisierung Christi, der Kraftgeber); weiterhin finden wir ikonographische Anklänge (z. B. bei Edward Munch, Alfred Hrdlicka: Plötzenseer Totentanz, Walter Zacharias: Christuskopf, Joseph Beuys: Kreuzigung und viele andere).

Die Bildsprache der heutigen Kunst ist subjektiv vom einzelnen Künstler her gestaltet, will aber eine übersubjektive Darstellungsform sein. Sie ist ein Ausdruck eines Suchens nach Wahrhaftigkeit und einer reinen Form für das Unsagbare. Es kommt Ästhetik in der Weise ins Spiel, dass sich das Menschsein in all seinen Brüchen und Höhen ausdrückt, um die lügenhaften Verschönungen und Bleibendheitsillusionen zu entlarven und eine Form zu finden für die Ahnung, dass im vergehenden Leben das Unvergängliche gesucht werden kann; auch wenn wir dieses nie unzweideutig finden, so kann es doch im Suchen eine Gestalt hervorbringen. In diesem Sinn tendiert die Ästhetik der heutigen Kunst hin zum Religiösen.

2. Grossek verstehen[45]

Das bisher Gesagte lässt uns fragen: Wie können wir Grosseks Bilder lesen und verstehen? Sie greifen ohne Zweifel auf tradierte Bildformen zurück, geben diesen aber ein neues Gesicht und wollen vor allem zeitgenössische Probleme ansprechen bzw. gegenwärtige Bedrohungen offenlegen.

Da ist vor allem Grosseks Totentanz des Weltkriegs zu betrachten, 1923 publiziert. Er greift eine Symbolfigur auf, die seit dem 14. Jahrhundert bekannt ist (Sensenmann in Kirchbühl/Sempach um 1300), vor allem aber im 15. und 16. Jahrhundert Verbreitung fand. Ein Knochenmann tanzt, einen mitten im Leben stehenden Menschen an der Hand fassend oder ihn umgarnend. Der Mensch jeden Standes und jeden Alters wird vom Tod gefasst: Papst, Kaiser, König, Jüngling, Mädchen, Kaufmann, Bettelmann usw.

Drei Aussage-Tendenzen finden wir in den mittelalterlichen und auch neuzeitlichen Totentänzen: Erstens: Der Tod trifft jeden Menschen, unabhängig von Stand und Alter. Zweitens: Der Tod kommt meist überraschend und nimmt unerbittlich den Menschen mit, und drittens: Der Mensch kann nichts aktiv gegen den Tod unternehmen, ihm wird das Leben genommen.

Die drastischen Darstellungen der Totentänze erhalten mahnenden Charakter: Mensch, bedenke dein Ende und bereite dich drauf vor, damit du nicht vom Tod überrascht wirst und unvorbereitet vor den Richter-Gott treten musst. Eine „Ars moriendi", eine Kunst, sich ins Sterben einzuüben und so auf den Tod vorzubereiten, ist das angestrebte Ziel der Totentanz-Darstellungen. Sie haben Predigtcharakter.

Grosseks Totentanz zielt ein anderes Thema an. Betrachten wir exemplarisch ein paar Bilder, die als Scherenschnitte vor uns liegen.

Der Scherenschnitt ist eine Silhouetten-Kunst. Ein unterlegter Hintergrund hebt die Szenen wie Schatten hervor. Der Rippen-Mann bewegt sich – meist überdimensioniert groß – in verschiedenen Kriegsszenen. Er spielt Geige, auf einem Tanker mit aufgerichteter Kanone gehend. Er schleicht sich an einen auf einem Felsvorsprung stehenden spähenden Soldaten an. Er würgt einen auf dem Rücken liegenden Soldaten. Er stampft

45 Vgl. Peter-Christian Wegner, Melchior Grossek (1889–1967). Das künstlerische Werk eines Berliner Priesters. Scherenschnitte und Druckgraphik, Holzminden 2006.

M. Grossek, „Jesus am Kreuz erhöht", 1923 – Scherenschnitt, 23,9 x 39,3 cm

vor der Silhouette einer Stadt mit einem Stampf-Gerät auf die Menschenwelt. Er schlägt mit einem Prügel auf kämpfende Menschen. Er fängt mit einem Lasso einen galoppierenden Reiter. Er fängt mit einem Schmetterlingsnetz ein Flugzeug. Er lauert hinter einem Busch auf einen Trupp Reiter, deren Offizier mit einem Fernrohr die Lage zu orten sucht – den Bogen mit dem Pfeil in der Hand. Er schießt mit einem gespannten Bogen auf ein Flugzeug. Er mäht mit einer Sense weit ausholend angreifende Soldaten nieder. Er schleift die Sense.

Er steht in einem Blut-See, die aufgestellte Sense haltend, von der Blut tropft usw.

Die charakteristischen Faktoren (der „Phänomen-Sinn") in allen Bildern des Zyklus sind der überdimensionierte und expressiv agierende Sensenmann, die Kriegsszenen mit Figuren und Materialien des Ersten Weltkriegs und die Allgegenwart eines gewaltsamen Todes, der unerkannt lauert oder offen in die Szene tritt.

Hier wird nicht wie in den tradierten Totentänzen das „memento mori" thematisiert. Hier geht es um Krieg und Tod. Im Gedenken an seine gefallenen Brüder hat Grossek die Szenen geschaffen. Die Soldaten haben gekämpft und sind gefallen. Der Krieg hat ihnen das Leben geraubt.

Der „Bedeutungssinn“ des Zyklus ist von daher zu bestimmen: Im Krieg ist der Tod allgegenwärtig. Er ist der eigentliche Feind, der lauert, anschleicht, offen zuschlägt und nur eines im Sinn hat: zerstören! Im Krieg regiert der Tod. Und daraus ist der „Wesenssinn“ abzuleiten, die eigentliche Aussage, die der Künstler mit seinen Bildern kundgeben will. Es ist die künstlerische Fassung dessen, was Papst Benedikt XV. zu Beginn des Ersten Weltkrieges gesagt hat und was man ihm von allen Seiten übel genommen hat: „Der Krieg ist ein sinnloses Schlachten.“ Dies galt vom Ersten Weltkrieg, dies wird man von allen Kriegen der Neuzeit sagen müssen. Grosseks Totentanz ist eine Warnung: Bedenkt, im Krieg regiert der Tod. Und zugleich steckt in dem Zyklus die Aufforderung: Tut alles, einen Krieg zu vermeiden.

Wenn wir eine Interpretation mit der hermeneutischen Methode versuchen wollten, dann sind wohl Grosseks Betroffenheit über den Tod seiner Brüder und der Ausgang des Krieges Motive für die Themenstellung und die Gestaltung. Dazu mag noch seine Profession als Priester kommen. Er muss als Prediger den Frieden unter den Menschen fördern und darauf hinwirken, dass Kriege vermieden werden.

M. Grossek, „Kampfpause“, 1923 – Scherenschnitt, 25,3 x 19,8 cm

Rezeptionsästhetisch ist anzumerken: Die allegorische Gestalt des Todes tritt in vielfältiger Weise in Kontakt mit den übrigen Figuren. Er nimmt den Beschauer mit und lässt ihn die Übermacht des Todes spüren,

M. Grossek, „Die Feldherren", 1923 – Scherenschnitt, 17,4 x 20 cm

gegenüber dem die Angegriffenen keine Chance haben. Gleichzeitig solidarisiert sich der Beschauer mit den Opfern, so dass eine eigenartige Seelenlage zustande kommt: Es kommt das Gefühl des Sportgeistes auf, das sagen lässt: Wie raffiniert greift der Tod doch an! Und gleichzeitig wird das Gefühl des Schmerzes wach, wenn man die Opfer anschaut: Wie grausam ist das Ganze. Diese Doppel-Solidarisierung lässt die Ambivalenz aller Kriege in der Seele des Beschauers erspüren: den Kampfgeist, der siegen möchte, und die Grausamkeit alles Todbringenden, die zu meiden ist. So wird die Mahnung der Grossek-Bilder in nochmals anderer Weise deutlich: Hütet euch vor dem Krieg! Er könnte euch faszinieren, aber diese Faszination ist tödlich!

Grosseks übrige Werke, die Scherenschnitte mit biblischen Themen und die Druckgraphik, sind von ähnlicher Expressivität. Sie greifen tradierte Bildformen auf und sprechen unmittelbar die Gefühle an, wenn sie die Dramatik einer Szene betonen oder ein vertrautes Insichkehren darstellen.

In jedem Fall will der „Künstler Melchior Grossek“ uns, die Betrachter seiner Werke, mit jedem der Bilder zu einem Dialog einladen und uns mit Nachdruck seine Überzeugungen vermitteln. Der „Priester Melchior Grossek“, so dürfen wir sagen, predigt mit der Schere, dem Messer und dem Pinsel.

Licht und Auferstehung

Ausstellung von Ernst Steinacker und Annette Steinacker-Holst
vom 26.02. bis 30.07.2023
in Kloster Heidenheim

Rede zur Ausstellung am Ostermontag, den 10. April 2023

Heute, am Ostermontag, betrachten wir die Bilder der Ausstellung von Werken Ernst Steinackers und seiner Tochter Annette Steinacker-Holst gleichsam mit einem „Osterblick"; denn der Titel der Ausstellung enthält die beiden Stichworte, die diesem Fest anhaften: „Licht und Auferstehung". Eröffnet wurde die Ausstellung am Festtag der hl. Walburga (25. Februar), einer Lichtgestalt des 8. Jahrhunderts, die hier in Heidenheim lebte. Und beendet wird die Ausstellung am 30. Juli. So markiert der heutige Tag das erste Drittel der Ausstellungszeit, und der zweite Osterfeiertag lädt ein, die Themen Licht und Auferstehung in den Bildern vertieft zu entdecken.

In den folgenden 25 Minuten werde ich drei Gedanken ansprechen. Zunächst benenne ich die drei inhaltlichen Aussagen, welche dem Osterfest anhaften. Dann werde ich anhand zweier Bibelstellen einen philosophisch-theologischen Hintergrund der Kunstwerke zu skizzieren versuchen, um dann in einem dritten Teil etwas über die Werke zu sagen.

I. Ostern – ein Frühlingsfest der Auferstehung

Seit urdenklichen Zeiten feiern Menschen Ostern, zunächst als Frühlingsfest. Im Winter erstarrt alles Leben. Die Bäume stehen blattlos wie tote Astgebilde da. Die Nächte dehnen sich, sind dunkel. Langsam bricht dann – ab dem Ende des Dezembers spürbar – der Morgen minutenweise früher durch das Dunkel, die Sonne strahlt am Tage zunehmend kräftiger, und plötzlich bricht aus einem der tot erscheinenden Rindenzweige eine Knospe auf, eine zweite, eine dritte, und es entfalten sich grüne Blätter, und nach wenigen Tagen erstrahlen hellgelbe Blüten. Der Mensch spürt: Leben bricht auf. Er erkennt: Das Leben ist stärker als der Tod! Und wenn sich dann überall Leben regt und der Frühling hell erstrahlt, feiern die Menschen diese Erfahrung an Ostern – bis heute. Sie feiern: Das Leben ist stärker als der Tod!

Ein zweiter Inhalt kommt zu unserem Ostern hinzu. Israel, das Gottesvolk, unsere Vorfahren im Glauben, erfuhr diese Auferstehung inmitten seiner Geschichte in nochmals anderer, ganz dramatischer Weise. Sie lebten seit Generationen in Ägypten. Sie lebten und arbeiteten als Gastarbeiter. Die Ägypter empfanden sie, da sie mehr und mehr wurden, als gefährlich, suchten sie zu dezimieren. Zwangsarbeit sollte sie schwächen, durch das Töten aller Knaben sollten sie dem Untergang geweiht werden. Da kam ein Gottgesandter und führte sie unter dramatischen Umständen aus der todbringenden Zivilisation in die Wüste. Und sie standen trockenen Fußes am Ufer des Meeres, während die hochbewaffneten Ägypter tot am Strande lagen. Gerettet in letzter Sekunde! Das feierte und feiert Israel zusammen mit dem Frühlingsfest an Ostern – und wir Christen feiern es zusammen mit Israel bis heute mit.

Doch für uns bekommt das Osterfest nochmals einen dritten Sinn. Wir feiern das Gerettetwerden noch in einer dritten Weise: Jesus, unser Meister, war tot. Und siehe, er lebt! Er wurde gekreuzigt, und er ist auferstanden. Rettung nach der letzten Sekunde! Auferstanden aus dem Dunkel des Todes ins Licht eines bleibenden, göttlichen Lebens!

Dreifaches also feiern wir Christen an Ostern: den Frühling, die Rettung aus dem Sklavenhaus und die Auferstehung Christi mit der Hoffnung auf die eigene Auferstehung.

Damit sind wir bei unserer Ausstellung. Alle drei Aspekte von Ostern, so scheint mir, finden wir in den Bildern, die unter der Überschrift „Licht und Auferstehung" gezeigt werden. Dies möchte ich nun in einem zweiten Anlauf begründen, indem ich ein philosophisch-theologisches Raster für die Bildbetrachtung aufzeige, das ich in zwei Bibelstellen zu finden meine.

II. Die philosophisch-theologische Basis der Ausstellung

1. Das Schöpfungslied (Gen 1,1–2,3)

Der erste Referenztext steht ganz am Anfang der Bibel. Er ist ein Gedicht mit sieben Strophen, und er spricht von der Schöpfung der Welt. Der Hintergrund seiner Entstehung im fünften vorchristlichen Jahrhundert war dramatisch.

Geschrieben sind die Zeilen zu einer Zeit, als das Volk Israel schon beinahe nicht mehr existierte.

a) Die Situation

Die Babylonier hatten im Jahre 587 v. Chr. die letzte Bastion des Volkes, die Hauptstadt Jerusalem, erobert. Der Status als international anerkannter Staat wurde damit aufgelöst, die Regierung abgesetzt, das Land besetzt, der Tempel, das Symbol einer Religionsgemeinschaft, niedergebrannt, alle Intellektuellen, alle Grundbesitzer, alle Geschäftsleute und alle handwerklich Ausgebildeten wurden in die Verbannung geführt und in einem brachliegenden Landstrich Babylons angesiedelt. Dort lebten, als der Text verfasst wurde, noch einige wenige der Vertriebenen, die Mehrzahl aber der aktiv Arbeitenden waren ihre schon alt gewordenen Kinder und noch mehr ihre Enkel bzw. Urenkel. Sie alle galten im Land als Gefangene, waren als Gastarbeiter geschätzt, aber wurden dennoch kritisch beäugt. Verboten war ihnen jede politische Tätigkeit. Sie durften aber viele Elemente ihrer Kultur pflegen, sie durften ihre Lieder singen, ihre Feste feiern, ihre Sprache sprechen. Vor allem durften sie sich am Sabbat um die Schriftrollen versammeln und ihre Lage bedenken und beklagen. Hierbei mussten sie ihren Glauben neu lernen. Denn sie hatten ein großes Problem. Ihr Gott hatte den Vorfahren zugesagt, sie würden als auserwähltes Volk in der Welt Bestand haben und würden zum Segen für die Menschheit werden. Doch nun waren sie fast am Limit ihrer Existenz. Wie passt das zusammen? Sie mussten zweifeln. Laufen wir einer Illusion nach? Haben sich Abraham, Isaak und Jakob, haben sich Mose und die Propheten geirrt? Existiert unser Gott vielleicht gar nicht? Oder haben ihn die Götter unserer Zwingherrn besiegt? Diese Götter sind ja handfest, sie symbolisieren die Staatsmacht, die Schlagkraft des Militärs, die Organisationskraft der Wirtschaft und des Handelns, die Überlegenheit der Kultur. Es sind die Geistmächte der Natur, der Gesellschaft und des Staates der Babylonier. Ist dagegen unsere Religion nicht eine Illusion? Glauben wir an ein Nichts? Wer ist unser Gott, an den Abraham, Isaak, Jakob, Mose und die Propheten geglaubt haben?

b) Die Botschaft

In diesen Zweifel hinein singt einer ein Lied, und in diesem Lied steckt die Antwort auf die drängenden existentiellen Fragen. Das Lied hat sieben Strophen – wie die Woche sieben Tage hat. Und es spricht von den Anfängen der Welt. Doch dabei geht es nicht darum, wie und wann das geschehen ist, sondern generell um den Anfang der Welt, um den, dem alles die Existenz verdankt. Wer ist unser Gott? Wir verehren den Schöpfer des

Himmels und der Erde. Wir verehren den Höchsten der Höchsten, den unbegreiflich Heiligen, den absolut Geheimnisvollen. Und die Worte des Gedichtes klingen wie eine Kampfansage an die mächtigen Zwingherren; denn in ihm werden deren Götter Geschöpfe genannt, Geschöpfe unseres Gottes sind sie; denn sie beten die Sonne, den Mond, die Sterne an, die ihnen als Symbole ihrer göttlichen Macht gelten. Im Lied wird gesagt: Diese eure Götter sind Lampen, die der Ewige, unser Gott, an den Himmel gehängt hat. Und wir wissen uns als das Volk des einzig Ewigen. Wir sind sein Volk, wir sind erwählt. Wenn wir jetzt am Rande des Untergangs stehen, ist das eine Prüfung. Unsere Zukunft liegt in der Hand des Ewigen, Allheiligen, der über allem steht, dem auch ihr, unsere mächtigen Zwingherrn, gehorchen müsst. Wenn er euch jetzt die Oberhand über uns gegeben hat, dann dient das nur zu unserer Läuterung. Wir werden auferstehen. Und aus unserer Mitte wird ein Messias hervorgehen, der die Auferstehung aller zu allen Zeiten und bei allen Völkern bewirken wird. Diese Option kündet den Israeliten in der Gefangenschaft das Gedicht mit seinen sieben Strophen. Und diese Kündung trifft auch uns – und sie trifft in unsere Ausstellung.

Da steht in der ersten Strophe als Erstes, was für die Existenz all der anderen Geschöpfe vonnöten ist. Es heißt: *„Am Anfang schuf Gott* (unser Gott) *Himmel und Erde. Die Erde war wüst und wirr und Finsternis lag über dem Wasser. Da sprach Gott: Es werde Licht, und es wurde Licht.“*

Licht (das erste Stichwort unserer Ausstellung) ist die Energie. Es ist die Basis für alles, was in den folgenden Strophen aufgelistet wird – Basis für die gesamte Erde, für das Meer, für die Pflanzen, die Vögel, die Fische, die Landtiere und für den Menschen. Der Ewige schuf das Licht, und es steht gegen die Finsternis. Und es überwindet immer wieder die Finsternis. Im Licht gibt es Auferstehung.

Und am Ende des Gedichts, in der siebten Strophe, tönt an, was das Ziel des Lichtes und all des anderen Geschaffenen ist: eintauchen in die Ruhe des Ewigen, teilnehmen am Heiligen, dem ganz anderen. Oder anders gesagt: auferstehen in eine bleibende Existenz, eintauchen in die göttliche Erinnerung. Denn das schwingt bei allem mit, was da gesagt wird: Der Ewige lässt sein Volk nicht aus den Augen, wie er auch den einzelnen Menschen nicht aus den Augen verliert. Alles, was der Mensch denkt, redet, tut, bleibt im Gedächtnis des Ewigen. Er, der Allheilige, vergisst nichts. Und woran er denkt, das existiert. Es existiert bleibend und wirksam und hat Bedeutung. Auch wenn es in seinem irdischen Verlauf wieder untergeht, verblüht oder zerstört wird, es bleibt im ewigen Gedächtnis, es wird Teil jener Wirklichkeit, die Jesus Reich Gottes nennt. Das ist im Kontext unserer ersten Bibelstelle gemeint mit den Worten „Licht" und „Auferstehung". In diese Dimension wagt sich unsere Ausstellung, die neun Werke von Vater und zwölf von Tochter Steinacker-Holst zeigt. Der Titel „Licht und Auferstehung" kündet es an.

2. Der Eingangshymnus im Johannesevangelium (Joh 1,1–14)
Ich darf – in etwas kürzerer Form, einen zweiten Referenztext anfügen, der den ersten ergänzt und noch deutlicher die Worte „Licht" und „Auferstehung" in unsere christliche Tradition rückt. Es ist der feierliche Beginn des Johannesevangeliums.

a) Licht und der Gesichtssinn
Der Gesichtssinn, so waren die Alten überzeugt, ist uns am meisten behilflich bei der Wahrnehmung und bei der Erkenntnis, freilich korrespondierend mit dem Hören und den anderen Sinnen. Denn alle fünf Sinne brauchen wir, um zu erkennen – neben dem Sehen vor allem das Hören, aber auch das Tasten, das Schmecken und das Riechen. Fällt einer der Sinne aus, muss ein anderer wenigstens teilweise seine Funktion übernehmen. Ja, alle Sinne zusammen komponieren unsere Erkenntnisse. Vor allem korrespondieren das Sehen und das Hören beim Finden von Erkenntnissen. Dies wird schon im Anfang-Gedicht der Bibel deutlich. Ehe das Licht da war, war das Wort. *„Gott sprach ... und es wurde"*.

b) Das Wort
Hier nun setzt die zweite Bibelstelle an, die wir beiziehen wollen, um die Thematik unserer Ausstellung zu umkreisen und uns in die Denkwelt der Kunstwerke einzuführen. Es ist der Anfang des Johannesevangeliums. Es ist kein Gedicht, aber ein dem Gedicht verwandter Hymnus. Es setzt assoziativ an beim Schöpfungslied, aber es nennt als Erstes nicht das Licht, sondern das diesem vorausgehende „Wort". Gleichwohl geht es ihm auch um einen Neuanfang, wenn es sagt: *„Im Anfang war das Wort und das Wort war bei Gott und das Wort war Gott. Dieses war im Anfang bei Gott. Alles ist durch das Wort geworden und ohne es wurde nichts, was geworden war."* Jetzt nun kommt das Licht als erstes Geschöpf zur Sprache, und dieses wird

kombiniert mit dem Leben des Menschen und mit dem, was im Johannesevangelium als das nunmehr jetztzeitlich Neue angekündigt wird: Das göttliche Wort in Jesus Christus erweist sich als das wahre Licht, als das wahre Leben, als die neue Schöpfung. Das göttliche Wort wurde Fleisch, leuchtet als Erlöser, beleuchtet alle Welt, so dass wir alles in neuem Licht sehen können. Dieses Licht verändert, was wir erfahren und wahrnehmen und erkennen, so dass gegen Ende des Evangeliums Jesus dem Thomas, dem Zweifler, seine Wunden zeigt. Und diese sind jetzt nicht mehr Zeichen für seine Schmerzen und seinen Untergang, sondern Zeichen seines Sieges. Schmerz wird zum Lebensgewinn, Leid wird zum Glück, Tod wird zum Durchgang ins Leben. Ja, im Sterben geschieht Auferstehung. Das ist die neue Wirklichkeit, die neue Sicht des Daseins, die neue Schöpfung. Ein Paradox! Ja, aber eine Hoffnung über alle Vernunft hinaus.

III. Bilder der Ausstellung

Dieses Paradoxe sehen wir auch in unserer Ausstellung. So weisen einige Titel vor allem von Vater Steinacker, der die Schrecken des Krieges am furchtbarsten in Stalingrad erlebt hatte, dass dem Licht und der Auferstehung Winter und Brache und Kreuz und Tod vorausgehen, so dass er titeln kann: *„Kreuzigung: Ich sehe, wie alle Mühen des Lebens entweichen"*. Dieser beeindruckenden Kreuzigung folgen zwei Appelle, die Befreiung ankündigen: *„Nehmt die Nichtigkeit auf euch und ihr werdet eins mit dem All"*. Und der zweite Appell: *„Was ängstigt ihr Menschen euch – öffnet die Türen"*. Dann kündigt der nächste Titel in einem nochmaligen neuen Anlauf die befreiende Öffnung auf Licht und Auferstehung an. Er heißt: *„Das Paradies: Bereitet sind die Wohnungen"*. Und die folgenden Figuren in den Bildern stehen selbst im Lichte der Auferstehung. Sie heißen: *„Die Begrüßende"*, *„Engel der Auferstehung"*, *„Die Schauende"* und *„Boten des Himmels"*. Gleichsam als Zusammenfassung des Ganzen steht das Bild mit dem Titel: *„Die Freude der Auferstehung wird leben in allen"*.

In den Bildern von Frau Annette Steinacker-Holst tauchen fünf Themen auf, welche die Begriffe Auge (2 x), Atem (1 x) Licht (7 x), Flamme (1 x) und Sonne (1 x) im Titel führen. Dominant ist dabei das *„allsehende Auge!"* Gottes dargestellt.

Einmal hat Frau Steinacker-Holst mir gegenüber bemerkt: Sie hätte im Titel der Gesamtausstellung am liebsten das Wort „Auge" vor die beiden Begriffe von Licht und Auferstehung gesetzt, so dass auf dem Plakat

E. Steinacker, „Freude der Auferstehung", 2000 – Acryl, Öl, 170 x 128 cm

stünde: „Auge, Licht und Auferstehung". Dies hätte tatsächlich, so denke ich, gepasst; denn unter den Augen des Ewigen geschieht alles, und unsere Augen nehmen das Licht und mit Hilfe des Lichtes alle anderen Geschöpfe und Verläufe und Gegenstände wahr, die uns wiederum auf eine Auferstehung hinweisen können.

So hängt das Bild mit dem Titel *„All-sehendes Auge"* dominant an der Stirnwand des einen Raumes und schaut auf das korrespondierende Bild des Kosmos auf der gegenüberliegenden Wand im Nachbarraum, das den

A. Steinacker-Holst, „Das Auge der Erde", 1999 – Acryl, Öl, 130 x 90 cm

Titel trägt: *„Wir kommen an einen Ort, wo die Ewigkeiten blühen"*. Noch ein zweites Bild trägt im Titel: *„Das Auge der Erde"*.

Der Begriff „Licht", das einmal umbenannt ist in „Flamme" und einmal in „Sonne", steht als Zeichen für Helle, Kraft, Wärme, Energie, eben für Auferstehung.

Die Bilder von Frau Steinacker-Holst weisen in kosmische Dimensionen. Sie lassen Begriffe assoziieren wie Weite, Meer, Landschaft, Himmel und immer wieder Licht und Feuer und Atem und Leben. Die österliche Frühlingserfahrung dominiert. Die befreiende Dimension bricht allemal durch, die Israel nach dem Auszug aus Ägypten sogar in der Wüste fühlte. Nicht die Leere und der Mangel dominieren, sondern die Weite der Freiheit. Und der Glanz der christlichen Auferstehungsnacht ist unverkennbar, die beiden Jünger, die von Emmaus nach Jerusalem eilen, könnten durch die Bilder laufen. Die Linien fließen frei, formen sich zu Wellen und tendieren zum Lebendigen. Der Osterblick lässt die Bilder wahrnehmen als lebendig und hoffnungsfroh. Die Erfahrung Israels können wir in die eben schon angesprochene Metapher kleiden: Die Wüste wird wahrgenommen nicht als Leere und Mangel, sondern als Weite und Freiheit.

Die Bilder von Herrn Ernst Steinacker haben hingegen immer etwas Figürliches und klar Geformtes. Ihm liegen, so scheint mir, die dem Licht vorausgehende Dunkelheit und das der Auferstehung vorausliegende Chaos des Todbringenden im Hinterkopf. Die israelitischen Erfahrungen des Exils, des drohenden Untergangs und des je neu zu entdeckenden Glaubens an den Allgegenwärtig-Lebendigen schimmern durch die Formen hindurch. Das Kreuz ist ihm immer gegenwärtig, wenn es auch geschmückt ist und leuchten mag.

Schluss

Betrachten wir die Bilder mit einem „Osterblick", dann mögen uns bei beiden Künstlern Assoziationen auf die Frühlingserfahrung kommen, die betonen: „Das Leben ist stärker als der Tod." Und auch die beiden anderen Aspekte von Ostern leuchten auf als Erinnerung an Wundersames und Befreiendes, sowohl in der Geschichte Israels wie auch in unserer persönlichen Geschichte. Und auch die jeweiligen Neubeginne nach vermeintlichen oder tatsächlichen Verlusten mögen in den Sinn kommen. In jedem Fall werden die Bilder der Ausstellung in uns, den Betrachtenden, Erfahrungen von Licht und Auferstehung erwecken.

Bildnachweis

Seite 8/14: privat; Seite 14/20/25/26/28/29: A. Rindfleisch; Seite 20/21/22/24/85: B.T. Steiner; Seite 30/43: P. Mödl; Seite 32/33/34/35: R. Ackermann; Seite 36/38/39: A. Brandl; Seite 40/42: I. Grzimek; Seite 44/45: E. Haller; Seite 45/46/47: R. Fieger; Seite 48/53/129/130: A. Steinacker; Seite 57/58: O. Heigold; Seite 65/68/74/77/78: St. Weyergraf-Streit; Seite 80: V. Scheck; Seite 95/96/97: R.Koller; Seite 102/103/104/105: F. Hämmerle; Seite 119/120/121: Archiv Adalbert Klein.
